Renate Holzförster

Rezepte für die Lebensfreude

Die Deutsche Bibliothek – Cip Einheitsaufnahme

Holzförster, Renate: Rezepte für die Lebensfreude.
Geest-Verlag: Vechta 2007

ISBN 978-3-86685-081-1

1. Auflage 2007

Illustrationen von
Julia Knüpling und Anneliese Bühner

Geest-Verlag
Lange Straße 41a
49377 Vechta-Langförden
Tel. 04447/856580
Fax 04447/856581
Email: Geest-Verlag@t-online.de
http://www.Geest-Verlag.de

Inhalt

Vorwort	6
Zur Einstimmung	10
Rezepte für die Lebensfreude, Grundrezept 1/2	13
Das Selbst stärken – die eigene Wertschätzung	22
Zeit für mich?	26
Wie erkenne ich meinen Lebenssinn?	30
Ich bin in allen Bereichen unzufrieden!	35
Singledasein – Einsamkeit	42
Jemand redet schlecht über mich!	47
Ich bin das ‚Schwarze Schaf' der Familie!	53
Konflikt mit den Eltern als Erwachsener	59
Die Unruhe deines Kindes	69
Ausgepowert – ausgebrannt	73
Mobbing	81
Arbeitslos – Was nun?	88
Wie werde ich beruflich erfolgreich?	95
Mir wachsen die Schulden über den Kopf!	102
Ständiger Termindruck – Was ist Zeit?	110
Andere sind auf einmal neidisch auf dich!	116
Nachbarschaftsstreit	121
Eifersucht	129
Mein/e Partner/in geht fremd	137
Abschied von Verstorbenen	147
Warum soll ich dankbar sein?	153
Positives Denken – Wie geht das?	158
Ein kleines Nachwort	163
Die Autorin	164
Sponsoren	166

Vorwort

Es ist an der Zeit, dass wir Menschen umdenken und lernen. Immer nur anderen die Schuld geben ist kein Weg. Neid, Missgunst, Gier, Sex, Macht und Geld beherrschen unsere Welt. Ich las in einem Buch, dass die Natur, unsere Mutter Erde, diese geballten negativen Energien durch Unwetter, Vulkanausbrüche und Naturkatastrophen freisetzt und läutert. Ich konnte dies nicht nachvollziehen und dachte im Hinblick auf die vom Autor vertretene These nur: „Naja, wenn das deine Meinung ist …" Je mehr ich jedoch unsere Welt und das aktuelle Geschehen beobachte, selbst in meiner nächsten Umgebung, bemerke ich, dass etwas Wahres an dieser Aussage ist.

Immer wieder und in immer kürzeren Abständen erreichen uns Katastrophenmeldungen über Erdbeben, Stürme, Überschwemmungen, Hitzeperioden, Seuchen usw. Durch diese Naturereignisse entstehen riesige Verluste, Menschen sterben, Ernten werden vernichtet, ganze Dörfer verschwinden und vieles mehr.

Wir müssen lernen, was wirklich wichtig für uns ist! In solchen Situationen sind die Menschen auf einmal wieder bereit, füreinander da zu sein. Sobald jedoch der normale Alltag eintritt, verfallen die Menschen rasch zurück in ihre alten Verhaltensmuster. Die Angst vor Enttäuschungen und materiellen Verlusten hat wieder die Oberhand gewonnen. Jeder denkt an sich und dass es ihm gut geht. Da wird gelogen, betrogen und gemogelt,

Hauptsache man kann etwas vorweisen, am besten Geld. Dann wird man von den anderen anerkannt. „Mein Haus, mein Auto, mein Boot ..." Nach diesen materiellen Zielen wird gehandelt, egal wer dabei auf der Strecke bleibt.

Zumeist sind es die Kinder. Weil die Eltern ‚viel' Geld verdienen müssen, bleiben die Kinder allein, haben keinen Ansprechpartner, keinen Vertrauten. „Dafür bekommen sie doch Markenklamotten, die neuesten Spiele und sie können alles mitmachen. So gut hatten wir es nie!", sind die Ausreden der Erwachsenen.

Wer aber gibt den Kindern Liebe und Geborgenheit? Warum haben es Verbrecher heute so leicht, Kinder zu missbrauchen oder gar zu ermorden? Weil die Liebe, der Schutz und die Geborgenheit einer Familie fehlen. Die Kinder werden alleingelassen. Ganztagsschulen und Kindertagesstätten werden gefördert. Doch können die Lehrer und Erzieher die Aufgabe und Liebe der Eltern wirklich ersetzen? Sie müssen sich um viele Kinder kümmern, das einzelne zählt kaum noch. Zeigt ein Kind Verhaltensstörungen, muss es zum Psychologen.

Was sind eigentlich Verhaltensstörungen? Das Kind zeigt uns auf seine Weise, was ihm nicht gefällt. Das passt Erwachsenen nicht, weil sie dann etwas an ihren Lebensgrundlagen ändern müssten. Besser ist es, andere ändern sich. Also, ab mit dem Kind zum Psychologen, damit es lernt, sich wieder anzupassen!

Jeder Mensch ist aber ein eigenes Individuum, hat seinen speziellen Lebensweg. Man darf ihn nicht in eine Rolle zwängen, die nicht zu ihm passt. Das ist keines-

falls nur bei Kindern so. Auch Erwachsene passen sich an. Sie vertreten zu oft nicht ihre eigene Meinung, da sie Angst davor haben, von anderen nicht anerkannt, vielleicht sogar ausgeschlossen zu werden. Denn sie wissen, in unserer Gesellschaft gilt jemand, der sich anders verhält als der ‚normale' Mitbürger, als Mensch mit einem Spleen oder noch schlimmer, es wird ihm nachgesagt, er ticke nicht richtig, sei also verrückt.
Anstatt anderen Menschen mit anderen Meinungen zuzuhören, wird eine Mauer aufgebaut. Warum? Aus Angst? Nur nichts ändern, lieber alles weiterlaufen lassen wie bisher. Sich selbstgefällig zurücklehnen und nur keine eigene Position in Frage stellen.
Ich selbst war in vielen solchen Situationen, wo ich einfach mundtot gemacht oder ausgeschlossen wurde, weil ich anders war (und auch noch bin) als die anderen. Gleichwohl bin ich **meinen** Weg gegangen und froh darüber, dass ich die Kraft dazu hatte. Ich habe sehr, sehr viel gelernt, wenn es auch oft schwer für mich war. Doch diese schweren Zeiten haben mich nur stärker gemacht. Ich habe gelernt, die Menschen zu lieben, wie sie sind, und mich zu lieben, wie ich bin. Ich muss nicht versuchen, irgendjemanden nach meinen Vorstellungen zu ändern. Ist der Unterschied zu einem anderen Menschen zu krass, steht es mir ja frei, den Kontakt zu diesem zu pflegen oder nicht.
Meine Erfahrungen und die daraus gezogenen Lehren möchte ich in diesem Buch weitergeben an alle, die dafür offen sind und an sich arbeiten möchten.

Ich danke allen Menschen, die mich bisher auf meinem Lebensweg begleitet und meine Entwicklung gefördert haben. Auch wenn ich vielleicht gelegentlich zu spät Einsichten gewonnen habe, ist es doch besser, diese zu spät als nie zu gewinnen.

Ich habe gelernt, die Kraft ist in mir. Und die stärkste Kraft ist die Liebe.

In habe die Hoffnung, dass viele Menschen ihre eigene Kraft durch dieses Buch finden und ihr eigenes Leben dadurch leben können.

Renate Holzförster

Zur Einstimmung

Unser Lebensweg wird ständig von Problemen begleitet. Mal sind sie leicht zu lösen, manchmal erscheinen sie uns unlösbar. Gelegentlich machen wir es uns selbst schwer, Problemstellungen zu lösen. Die Frage nach dem Warum ist nicht einfach zu beantworten. Wollen wir an unseren Problemen leiden? Es scheint fast so, denn wir sind dann auch nicht in der Lage, Hilfe anzunehmen, weil wir uns unter Umständen selbst bestrafen wollen.
Mit diesem Buch möchte ich Hilfe zur Selbsthilfe geben. Tiefgreifende Probleme, die schon Krankheiten verursachen, sollten, dies sei noch einmal grundsätzlich angemerkt, nur mit professioneller Hilfe bearbeitet werden, zum Beispiel in Form einer Psychotherapie.

Frust am Arbeitsplatz, Geldsorgen, Ärger mit den Kindern, dem Partner oder mit Familie/Freunden, eben alle alltäglichen Sorgen, die uns oft niederdrücken, kann man leichter verarbeiten, wenn man sich die hier vorgeschlagenen Tipps und Empfehlungen zu Herzen nimmt.
Bei jedem Konflikt, an dem mehrere Personen beteiligt sind, muss man bedenken, dass jeder der Beteiligten seine eigene Sichtweise des Sachverhalts hat, denn jeder Mensch ist individuell in seinen Auffassungen, Prägungen, Verhaltensweisen und Ansichten. Jeder Mensch hat also seine Fragen an die jeweilige Problemsituation. Wollen wir ein Problem erfassen und lösen, müssen wir erkennen, wie wir denken und fühlen. Wenn

wir wissen, die Frage ist in uns, können wir vielleicht auch glauben, dass die Antwort in uns ist.
Wir müssen uns fragen, was erwarten wir von der anderen Person?
Oder was glauben wir, wird von uns erwartet?
Gerade auch bei dieser Feststellung der Erwartungshaltung des anderen kommt es zu Missverständnissen. Wir unterstellen anderen bzw. setzen voraus, dass sie dieses oder jenes denken oder als Handlungsabsicht haben.
Dieses voreingenommene Denken beeinflusst unser Leben ständig. Ein Beispiel: „Der/die hat sich schon seit Tagen nicht gemeldet. Er/sie fand es bestimmt blöd, wie ich mich bei dem letzten Treffen verhalten oder was ich gesagt habe. Jetzt will er/sie bestimmt nichts mehr mit mir zu tun haben!"
Man ist voller Selbstzweifel, traut sich nicht, von sich aus den ersten Schritt zu tun und zieht sich zurück. Schon zweifelt man an der Beziehung, der Welt und an sich selbst, obwohl sich die andere Person noch nicht einmal geäußert hat! Vielleicht gibt es ja ganz andere Gründe für ihr Verhalten, wie eine spontane Reise oder zu viel an Arbeit. So entstehen unterschwellig negative Gefühle, die auch so lange erhalten bleiben, bis die Betroffenen offen miteinander geredet haben.
Tiefere Ursache für einen Fall von Missverständnissen ist mangelndes Selbstvertrauen oder auch mangelnde Selbstliebe. Man macht sich abhängig von der Meinung der anderen Person, aus Angst nicht mehr geliebt bzw. anerkannt zu werden.

Oder bei Geldsorgen denken wir darüber nach, was nächste Woche, nächsten Monat, nächstes Jahr passiert, wenn unsere finanzielle Situation sich nicht verbessert. In unseren Vorstellungen malen wir uns die dramatischsten Ereignisse aus. Den heutigen Tag können wir so nicht mehr genießen, ebenso wenig wie die nächsten Tage. Dabei wissen wir nicht einmal, was passieren wird. Schon morgen kann unter Umständen eine Lösung kommen, die alle Sorgen verschwinden lässt. Bis dahin haben wir gelitten, anstatt die Tage zu genießen. Denken wir also zu weit im Voraus, bezahlen wir unter Umständen ‚Zinsen' für einen ‚Kredit', den wir niemals aufnehmen werden!

Wir müssen lernen zu vertrauen, dass wir immer das bekommen, was wir brauchen. Es ist nur nicht immer das, was wir uns nach unserem augenblicklichen Wissens- und Gefühlsstand vorstellen. Klammern wir uns an unsere negativen Vorstellungen, machen wir uns das Leben unnötig schwer.

Unsere negativen Gedanken müssen wir lernen, bewusst zu betrachten, auch bewusst zu beobachten, wie sie entstehen. Durch diese Bewusstmachung können wir sie auflösen beziehungsweise leichter verarbeiten.

Auf vielen Seiten in diesem Buch findest du die Möglichkeit, dir Notizen zu machen. Nutze diese Möglichkeit, so kannst du deine Gedanken auch immer wieder nachlesen. Dieses Buch kann so wirklich zu deinem Buch werden, kann dir ein wichtiger Begleiter in deinem Leben sein.

Rezepte für die Lebensfreude

Grundrezept:

- täglich mindestens eine Stunde Zeit für dich
- ein Ort, an dem du ungestört bist
- eine oder mehrere Kerzen
- eventuell Räucherstäbchen
- Musik, die dein Herz berührt
- ein Kissen und/oder eine Kuscheldecke
- einen Spiegel (wichtig!)
- eventuell ein Tagebuch

1. Tag

Am ersten Tag solltest du diese Stunde mit dir selbst ohne ein bestimmtes Thema verbringen. Erkenne das Gefühl, was es heißt, du selbst zu sein! Welche Gefühle verbindest du damit? Welche Gefühle zeigen sich? Lehnst du dich ab oder nimmst du dich an, wie du bist? Liebst du dich selbst?
Lasse dich zu deiner Musik fallen und gehe in dich! Wer bist du?
Schaue in den Spiegel und versuche, Kontakt mit dir aufzunehmen, ohne dich zu bewerten! Was fühlst du, wenn du in dein Gesicht schaust? Betrachte es von unterschiedlichen Seiten, indem du deine Sitz- oder Liegeposition veränderst.
Sieh dich aus einem anderen Blickwinkel an!
Schreibe auf der nachfolgenden Seite auf, was dir zu deinem Selbst einfällt. Negatives und auch Positives?
Kuschle dich in deine Decke ein und fühle dich geborgen und beschützt. Du kannst alles zulassen, dir passiert nichts!
Wenn du magst, setze dich hinterher mit einer Person, der du vertraust, zusammen und erzähle ihr von deiner Selbsterkenntnis. Außenstehende sehen oft mehr, weil sie die Situation bzw. Person von außen betrachten und mehr wahrnehmen. Dadurch kannst du viele wertvolle Hinweise bekommen. Aber seid ehrlich zueinander.

Meine guten Eigenschaften:

Meine schlechten Eigenschaften:

2. Tag

Die Stunde des zweiten Tages beginne, indem du dich erneut fallen lässt, dich in deine Decke kuschelst und deiner Musik lauschst. Denke noch einmal an die Erkenntnisse von gestern. Was sagte deine Vertrauensperson?
Versuche nun, diese Erkenntnisse mit deinem Selbst zu verbinden. Siehst du heute schon klarer, wer du bist? Lässt du auch wirklich alles zu? Welche Eigenschaften verbindest du mit dir?
Zähle oder schreibe diese Eigenschaften für dich auf, die guten wie die schlechten! Schaue dir noch einmal deine Notizen vom Vortag an und ergänze sie.
Schäme dich dabei nicht, stelle aber auch dein Licht nicht unter den Scheffel! Wir alle vereinen Gut und Böse in uns. Wichtig ist, auch die Schattenseiten zu erkennen! Nur was du siehst und weißt, kannst du ändern!
Wie ist dein Umgang mit anderen Menschen? Liebst du sie und nimmst sie an, wie sie sind? Mit allen ihren Fehlern? Oder versuchst du, Macht auszuüben, sie zu verändern oder zu beeinflussen? „Wenn du das nicht tust, habe ich dich nicht mehr lieb!", ist nur ein beispielhafter Satz von vielen für den Versuch, über Menschen zu herrschen.
Sieh wieder in den Spiegel und sei dir gegenüber ganz ehrlich! Du kannst nur dich selbst ändern, niemals andere! Damit du dich ändern kannst, musst du dir deiner Verhaltensweisen (vor allem der negativen) erst einmal bewusst werden!

Halte auch diese Betrachtung ganz allgemein, verenge nicht auf ein bestimmtes Thema. Konzentriere dich nur auf deine Person!
Schreibe wieder auf, was dir alles zu dir einfällt. Vielleicht möchtest du auch heute wieder mit deiner Vertrauensperson reden?

Welche Verhaltensweisen verbinde ich mit meiner Person? (positiv und negativ)

So drängend wie dein Problem auch sein mag, hab Geduld, um diese beiden wichtigen Tage nur für **dich** da zu sein. Optimal ist es, wenn du das Grundrezept so lange wiederholst, bis du dich selbst annehmen kannst.

In den letzten beiden Tagen hast du nun viel über dich und deine Gefühle erfahren, hast erfahren, wer du wirklich bist. Außerdem ist ein wenig Zeit vergangen, sodass du in Ruhe auf dein Problem sehen kannst. Die Zeit heilt alle Wunden. Setze dich nicht selbst unter Druck und meine, nach einer Sitzung bzw. Auseinandersetzung mit deinem Problem könntest du alles sofort lösen. Manche Probleme ja, aber die meisten brauchen mehr Zeit, damit sich auch wirklich gelöst werden können. Nimm dir diese Zeit, umso wirkungsvoller ist das Ergebnis.

Du hast in den letzten beiden Tagen auch sehr viel über dich, deine Einstellungen und deine Verhaltensmuster gelernt und kannst jetzt dein spezielles Thema bearbeiten.
Versuche, ganz locker und entspannt zu beginnen, denn du willst ja verstehen lernen, warum diese Situation so gekommen ist. Betrachte die Situation ganz objektiv und schaue dir auch deine Verhaltensweise an. Hast du nicht doch das eine oder andere durch dein Verhalten provoziert? Schaue dir die Situation an, ohne etwas zu bewerten und ohne Schuldzuweisung! Jeder Mensch kann nur so reagieren, wie er fühlt. Jeder Mensch ist individuell und reagiert auch so.

Versuche also nicht vorauszusetzen, wie der andere handeln müsste, weil es deine Erwartungen sind! Der andere denkt und fühlt anders als du. Also kann er nicht reagieren wie du. Und du kannst nicht beurteilen, ob er aus seiner Sicht nicht doch richtig reagiert!
Man kann Menschen nicht miteinander vergleichen! Versuchst du es, hast du schon verloren! Auch du bist einzigartig und nicht vergleichbar!
Vergiss vor allen Dingen nicht, auch das Positive dieser Situation zu sehen. Vielleicht kannst du auch über einige Aussagen lachen. Humor ist die beste Medizin!

Denke immer daran, dass du lernen willst. Es reicht nicht, sich etwas schön zu reden. Tief im Innersten muss man die Erkenntnis so umsetzen, dass die neue Verhaltensweise integriert wird. Sie muss normal für dich werden! Also sei geduldig mit dir selbst. So etwas lernt man nicht von heute auf morgen.
Möchtest du wirklich etwas ändern, nimm dir so oft wie möglich Zeit für dich, damit du dein Verhalten, dein Denken und Fühlen verstehen lernst. Nur so kannst du mit der Zeit deine Verhaltensweisen zum Positiven ausrichten. Sei geduldig mit dir selbst und lerne, dich so zu lieben, wie du gerade jetzt, in diesem Augenblick, bist.
Versuche, unabhängig von deinem Problem, wieder die großen und kleinen Wunder zu erleben und zu genießen.
Sieh dir ganz bewusst den Himmel an, dieses schöne Schauspiel der Wolken. Genieße die Sonne, den Wind oder den Regen. Beobachte das Wachsen und Leben in

der Natur, die Pflanzen und die Tiere. Sei dankbar, dass du diese Wunder erfahren darfst. Nichts ist selbstverständlich! Mache dir das oft bewusst! Überlege, welche wunderbaren Geschenke du tagtäglich bekommst. Achtest du sie und bist dankbar dafür? Oder ist der nette Gruß des Nachbarn zum Beispiel schon selbstverständlich geworden und nicht mehr der Rede wert? Dann solltest du schnellstens bei dir selbst einschreiten, um wieder die vielen Wunder des Lebens sehen zu können. Gerade bei deinen Übungen solltest du dir dieses immer wieder vor Augen führen und dankbar sein für alles, was du hast und bist.

Jedes Problem entsteht durch mindestens zwei Personen. Will man also ein Problem lösen, muss man versuchen, die Sicht der anderen Person zu verstehen. Was könnte hinter ihrem Verhalten und ihren Worten stehen? Warum verletzt sie mich immer wieder? Aber frage dich auch, warum du es immer wieder zulässt, verletzt zu werden. Ist ihr Selbstvertrauen doch nicht so stark, wie sie mich glauben machen will? Warum redet sie zu anderen Leuten schlecht über mich? Will sie im Mittelpunkt stehen? Muss sie mich schwächen, damit sie stärker wirkt? Stecken Neid und Missgunst dahinter? Wenn ja, bei ihr oder bei mir? Oder Wut und Hass? Wut und Hass haben niemals etwas mit anderen Personen zu tun, sondern immer mit mir selbst! Ich bin zum Beispiel wütend darüber, dass diese andere Person die Möglichkeit hat, mich in diese niederdrückende Situation zu bringen. Ich bin wütend auf mich selbst, dass ich es zulasse(n muss)!

Wenn diese Person die Möglichkeit hat, mich zu beleidigen, ärgere ich mich darüber. Entziehe ich der Situation die Spannung, indem ich mich über solche Äußerungen nicht aufrege, löst sie sich auf. Die Spannung entziehen kann ich, wenn ich verstehen lerne, warum mich diese Person verletzen will. Sehe ich zum Beispiel ihr mangelndes Selbstbewusstsein, kann ich gar nicht mehr böse sein, weil ich weiß, es trifft nicht mich. Diese Person hat ein Problem mit sich selbst und will es nur auf mich projizieren. Es liegt an mir, ob ich das zulasse oder nicht. Um dies besser erkennen zu können, werde ich bei jedem Rezept spezielle Fragen stellen und Hinweise geben.

Das Selbst stärken – die eigene Wertschätzung

- mindestens eine Stunde Zeit für dich
- eine oder mehrere Kerzen
- eventuell Räucherstäbchen
- Musik, die dein Herz berührt
- ein Kissen und/oder eine Kuscheldecke
- deinen Spiegel
- eine rote Rose
- einen roten Stift
- einen Plastikbeutel mit Verschluss

Zünde eine Kerze an, schenke dir selbst eine rote Rose und male ein rotes Herz für dich in diesen Kasten.

mein Herz für mich

Dieses Herz erinnert dich an die Liebe zu dir. Wenn du magst, zünde ein Räucherstäbchen deiner Wahl an. Lege dir einen Plastikbeutel an deinen Platz. Höre Musik, die dich berührt. Nun nimm deinen Spiegel in die Hand. Halte dir deine positiven Eigenschaften, die du in den letzten beiden Tagen bei dir entdeckt hast, vor Augen!
Kannst du dich jetzt so annehmen, wie du bist?
Liebst du dich, wie du bist?

Oder bist du immer noch zu selbstkritisch, siehst nur das, was du nicht an dir magst?

Dann frage dich: Was heißt es eigentlich, perfekt zu sein? Wer bestimmt, wann jemand perfekt ist? Welche Eigenschaften gehören dazu? Ist Liebe nicht die stärkste Kraft? Verzeiht Liebe nicht alles? Liebst du dich? Kannst du dir verzeihen?

Natürlich! Schaue noch einmal in den Spiegel. Stelle dir nun gedanklich vor, wie du alle negativen Gedanken, Gefühle und Eigenschaften zusammenfegst. Fülle diesen ‚Müll' in deinen Plastikbeutel (mit den Händen zum Beispiel), knote ihn zu und wirf ihn in die Mülltonne oder verbrenne ihn.

Jetzt bist du klar und rein! Schaue noch einmal in den Spiegel. Siehst du jetzt die Liebe, die dir entgegenstrahlt?! Spürst du die Liebe, dieses wundervolle warme Gefühl, so, wie wenn du die ganze Welt umarmen könntest?

Diese allumfassende Liebe bist du! Jedes Wesen nimmt dich so wahr, wie du jetzt bist! Spüre, wie du liebst und geliebt wirst.

Fühlst du, wie diese Liebe dich stärkt? Du bekommst eine immer aufrechtere Haltung. Dein Rücken wird ganz gerade, die Schultern drücken sich nach hinten. Du wirst immer stärker.

Diese Liebe und Stärke füllt dein ganzes Wesen und Sein aus! Diese Liebe und Stärke will angenommen werden!

Erkennst du dich? Fühle, wie deine Aura sich mit dieser Liebe und Stärke füllt und in einem goldenen Licht erstrahlt! Wie ein Schutzschild umgibt dich deine Aura. Dieser Strahlenkranz gibt anderen zu verstehen: „Hier bin ich! So bin ich richtig! Spürt ihr meine Liebe?"

Wiederhole diese Übung so lange, bis du dich ganz stark fühlst.

Zeit für mich?

- mindestens eine Stunde Zeit für dich
- eine oder mehrere Kerzen
- eventuell Räucherstäbchen
- Musik, die dein Herz berührt
- ein Kissen und/oder eine Kuscheldecke
- deinen Spiegel
- ein Bild von dir
- einen schönen, bunten Blumenstrauß
- Pfefferkörner
- eventuell Dauerlutscher

Sage dir: „Diese kommende Stunde gehört mir!"
Schalte die Türklingel aus, stelle das Telefon ab!
Wirst du bei diesem Gedanken unruhig?
Wenn es so ist, dann frage dich, ob du wirklich etwas Wichtiges verpasst! Was kann wichtiger sein als DU?
Oder fühlst du dich vielleicht in der Stille unwohl, weil du dadurch gezwungen bist, dich mit dir auseinanderzusetzen? Kannst und willst du überhaupt allein sein?
Was hast du an den letzten beiden Tagen an dir bemerkt? Hast du das Alleinsein genossen? Hast du dich richtig kennen gelernt?
Vielleicht waren deine Gedanken in Wirklichkeit bei anderen Leuten! Hast du dir wirklich fast eine Stunde Zeit nur für dich genommen?
Hast du etwas anderes dadurch nicht fertig bekommen? Oder ging trotzdem alles seinen gewohnten Gang?
Bist du durch diese Stunde der Ruhe vielleicht auch etwas kraftvoller geworden und konntest deshalb die anstehenden Aufgaben anschließend leichter erledigen?
Erinnere dich immer wieder daran, wie wichtig du bist! Einem anderen kannst du nur dann etwas Gutes tun, wenn es dir selbst gut geht! Dir kann es aber nur gut gehen, wenn du dir die Zeit nimmst, Kraft zu tanken.
Lege daher täglich, zum Beispiel jeden Mittag, mindestens eine halbe Stunde fest, in der du es dir gut gehen lässt, sei es mit Musik, einem Buch oder mit deinem Spiegel. Betrachte dich immer wieder im Spiegel, nimm dich wahr! Gestehe dir zu, dass es dir gut geht! Freue dich jeden Tag darauf, dass du diese halbe Stunde für dich ganz allein hast. Du bist wichtig!

Jedes Mal wirst du deinen Platz gut gelaunt verlassen und eine positive Kraft ausstrahlen, die auch deine Mitmenschen bemerken werden. Auch sie werden von deiner positiven Ausstrahlung und inneren Ruhe profitieren, die sich nach und nach immer mehr einstellen wird.

Mache dir bewusst, wie wichtig du bist und dass du Zeit für dich brauchst, indem du ein Bild von dir aufstellst, und zwar an einem Platz, an dem du häufiger am Tag vorbeigehst. Schmücke dein Bild zum Beispiel mit einem bunten Blumenstrauß, der deine Lebensfreude unterstreicht.

Oder aber klebe hier in den nachfolgenden Kasten dein liebstes Bild von dir. Und immer, wenn du in diesem Buch blätterst, schaust du es dir wieder an.

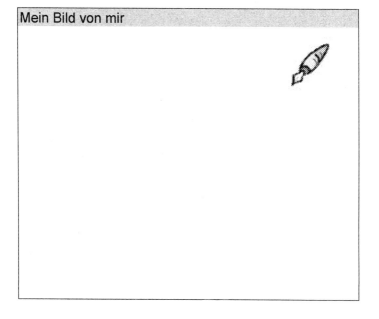

Zünde eine Kerze für dich an.
Ziehe auch Grenzen gegenüber deinen Mitmenschen indem du ihnen sagst: „Jetzt bin ich wichtig! Später bin ich wieder für dich da."
Nach anfänglichen Nörgeleien wird es als selbstverständlich akzeptiert, dass du dir auch Zeit für dich nimmst. Nimm Meckereien über dein Verhalten mit Humor und drücke dem Nörgler zur Zeitüberbrückung einen Dauerlutscher in die Hand.
Bestehe auf deine Zeit!
Lege einige Pfefferkörner an deinen Platz. Mit ihnen kannst du dir vielleicht bildlich vorstellen, dass Störfaktoren in der ‚Zeit für mich' dahin gehen, wo der Pfeffer wächst. So hältst du sie von vornherein mental vom Stören ab.
Mit diesen kleinen Hilfen wird es von Tag zu Tag besser funktionieren, dass du deine Zeit mit dir genießen kannst.

Wie erkenne ich meinen Lebenssinn?

- mindestens eine Stunde Zeit für dich
- eine oder mehrere Kerzen
- eventuell Räucherstäbchen
- Musik, die dein Herz berührt
- ein Kissen und/oder eine Kuscheldecke
- deinen Spiegel
- bunte Stoffe oder/und Bänder
- einen Kuchen
- Luftballons
- Girlanden/Luftschlangen

Wie du schon während des Übens nach dem Grundrezept bemerkt haben wirst, ist es nicht einfach, sich selbst zu erkennen. Wer bin ich wirklich? Was fühle ich? Was denke ich? Nur durch ständiges Fragen oder Hinterfragen kommst du Schritt für Schritt voran.

Wenn du merkst, die Frage ist in dir, kannst du dir vielleicht auch vorstellen, dass die Antwort ebenso in dir ist. Um diese zu finden, ist es aber nötig, zur Ruhe zu kommen, damit du deine innere Stimme vernehmen kannst.

Diese innere Stimme begleitet uns zu jeder Zeit und gibt uns täglich viele Hinweise. Jeder kennt das, zum Beispiel während man allein Auto fährt oder irgendwo allein auf Bahn oder Bus warten muss. Man hängt seinen Gedanken nach, reflektiert unbewusst Erlebtes und es fällt einem das eine oder andere dazu ein.

Nimm dir also wieder Zeit für dich, kuschle dich in deine Decke ein und lege dir schöne Musik in den CD-Spieler. Lege auch deinen Spiegel griffbereit an deine Seite. Lasse jetzt dein bisheriges Leben vor deinem inneren Auge Revue passieren.

Wie ist es bisher verlaufen? Was hast du erlebt? Was durftest du schon erleben? Denke einmal über deine Krisen nach! Haben sie dich aus heutiger Sicht, mit etwas Abstand, nicht doch stärker gemacht? Was konntest du aus diesen Krisen lernen? Grenzen ziehen, Abstand halten, Gefühle zulassen, loslassen?

Unser Leben ist eine ständige Entwicklung. Wo liegen deine Stärken? Was kannst du besonders gut?

Nimm deinen Spiegel zu Hilfe und betrachte dich ganz genau! Schaue dich so an, als wärest du als Betrachter eine unbeteiligte Person. Was ist das für ein Mensch, den du da betrachtest? Was kann dieser Mensch besonders gut?

Bist du für andere Menschen da und hilfst ihnen? Wie sieht diese Hilfe aus? Nimmst du anderen Menschen Lasten ab oder stärkst du sie, damit sie ihre Last selbst tragen können?

Förderst du die Entwicklung anderer Menschen und lässt sie ihre eigenen Erfahrungen machen? Oder nimmst du ihnen alles ab, weil du ja viel stärker bist?

Brauchst du die Anerkennung der anderen und wartest darauf, dass sie sagen: „Toll, was du alles kannst und machst!"

Musst du dich in den Mittelpunkt stellen? Oder agierst du lieber aus den hinteren Reihen unauffällig? Engagierst du dich in einer oder mehreren Gruppen oder unternimmst du lieber etwas allein?

Magst du andere Menschen oder bist du oft enttäuscht worden und traust niemandem mehr?

Betrachtest du diese Enttäuschungen ganz genau, musst du vielleicht zugeben, dass du dadurch jetzt frei bist von der Möglichkeit, dich zu täuschen. Das ist doch ein wertvolles Geschenk!

Was glaubst du selbst, worin der Sinn des Lebens liegt? Ist es die Familie, die Arbeit, dein Freizeitvergnügen oder alles zusammen? Muss das Leben für dich harmonisch verlaufen? Liegt der Sinn darin, dass die Familie zusammenhält, dass du viel Geld verdienst, ein Haus bauen kannst und sorglos leben kannst?

Was heißt sorglos? Gibt es nicht immer irgendetwas, worüber man sich Gedanken machen muss? Ist Sorglosigkeit nicht auch Stillstand?

Wenn nichts mehr passiert, weder im positiven noch im negativen Sinne, kann auch keine neue Entwicklung, kein neues Erkennen stattfinden. Wenn dieses Leben einmal zu Ende ist, kannst du nichts mitnehmen außer dem, was du gelernt hast!

Besteht der Sinn des Lebens vielleicht darin zu tanzen, zu lachen, fröhlich zu sein, Liebe zu geben und zu nehmen?

Wie viel Lebensfreude strahlst du aus? Ist es wirklich nötig, ständig über den Sinn des Lebens nachzudenken? Hat nicht jedes Leben einen anderen Sinn?

Deine Aufgaben, was du lernen sollst und was dich stärker macht, kommen von allein auf dich zu. Wichtig ist, ob du diese Aufgaben siehst und wie du damit umgehst! Oder verdrängst du diese Aufgaben einfach, weil du gar nicht lernen willst? Mit Sicherheit kommen neue Situationen mit der gleichen Lernaufgabe auf dich zu.

So oft es dir möglich ist, strahle Lebensfreude aus. Finde dein inneres Gleichgewicht, nimm dir dabei ein Beispiel an Kindern. Sei einfach mal wieder wie ein Kind. Sei neugierig und offen für die vielen spannenden Dinge, die das Leben bietet. Gestalte dein Zuhause liebevoll und fröhlich. Schmücke es mit farbenfrohen Stoffen, Bändern und anderen Dekorationsartikeln, die Lebensfreude ausstrahlen.

Erinnere dich an Dinge aus deiner Kinder-/Jugendzeit, die dir viel Freude (auch Schadenfreude) bereitet haben.

Lade Freunde und die Familie einfach ohne besonderen Anlass zu dir ein. Backe einen Kuchen, hänge Luftschlangen und/oder Girlanden und Luftballons auf. Begeht gemeinsam einen fröhlichen Tag mit viel Witz, Humor, Tanzen und Lachen, aber auch mit viel Liebe. Wiederhole diesen Tag, so oft wie dir danach ist.

Denke nicht so viel über den Sinn des Lebens nach, sondern lebe dein Leben ganz bewusst und richte es nach dem Schönen und Natürlichen aus.

Weißt du, worin der Sinn des Lebens liegt? Sei lustig. – Geht es nicht, so sei vergnügt!

Ich bin in allen Bereichen unzufrieden

- mindestens eine Stunde Zeit für dich
- eine oder mehrere Kerzen
- eventuell Räucherstäbchen
- Musik, die dein Herz berührt
- ein Kissen und/oder eine Kuscheldecke
- deinen Spiegel
- einen Stift
- einen Zettel
- eine Zitrone
- ein feuerfestes Gefäß

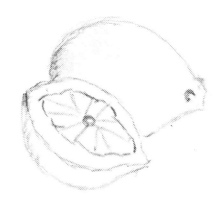

Konntest du dich auf die Übungen des Grundrezeptes einlassen? Konntest du dich fallen lassen und warst du in der Lage, zur Ruhe zu kommen? Oder klapperte entfernt eine Tür, was dich irritierte und aus der Fassung brachte? Wahrscheinlich fiel einem Mitbewohner etwas aus den Händen und verursachte einen fürchterlichen Lärm. „Kann man nicht einmal seine Ruhe haben!"
Schon bist du wieder im alten Trott! Brichst du die Übung ab, weil du denkst, du bekommst nicht die nötige Ruhe, da die anderen ständig für Unterbrechungen sorgen, bist du die einzige Person, der du damit schadest.
Du willst endlich zufriedener werden? Von allen Seiten hörst du immer wieder, dir würde es so gut gehen, du hättest doch alles, was man zum Glück brauchen würde. Weshalb also bist du eigentlich unzufrieden? Was stört dich wirklich? Worüber kannst du dich aufregen? Wer nervt dich momentan am meisten? Dein Partner, deine Kinder, ein/e Freund/in, die Nachbarn, der Chef, die Lehrer deiner Kinder? Oder regen sie dich einfach alle auf? Warum regen sie dich auf? Warum schaffen sie es immer wieder, dich aus deiner Ruhe zu bringen?
Muss die Eskalation extrem sein oder reichen schon Kleinigkeiten als Grund für dich, um zu schimpfen oder andere zu kritisieren?
Schreibe auf die nachfolgende Seite jede noch so banale Situation, die dich aufgeregt hat oder heute noch aufregt.

Situationen, die mich aufgeregt haben oder immer noch aufregen:

Wenn du diese Situationen jetzt noch einmal betrachtest, musst du sicherlich zugeben, dass viele Meinungsverschiedenheiten überflüssig waren. Eigentlich waren sie es gar nicht wert, beachtet zu werden!
Warum also bist du sauer geworden? Was hat dich wirklich geärgert?
Jeder Ärger hat nur mit dir selbst zu tun, niemals mit anderen. Auch deine Unzufriedenheit liegt in dir und hat ihre Ursache nicht in anderen Menschen. Wenn du ehrlich zu dir selbst bist, können die anderen machen, was sie wollen, du wirst immer einen Grund finden, um unzufrieden zu sein.
Wenn die Unzufriedenheit in dir ist, ist es anderen Menschen, mögen sie dir noch so nahe stehen, gar nicht möglich, etwas zu ändern. Das kannst dann nur du selbst. Denn nur du findest den Weg zu deinem Inneren!
Also finde heraus, was dich unzufrieden macht. Ein Anfang ist schon mit dem Aufschreiben der verschiedenen Situationen gemacht, in denen du dich unzufrieden fühltest beziehungsweise fühlst.
Um den Weg in dich selbst zu finden, musst du zur Ruhe kommen. Einiges hast du eventuell schon gelernt, als du das Grundrezept bearbeitet hast. Suche dir also eine Zeit, in der du wirklich völlig ungestört für dich bist. Wenn es nicht anders funktionieren sollte, wähle die Zeit, in der die Mitbewohner noch oder schon schlafen. Vielleicht lässt du diesmal die Hintergrundmusik aus? Das musst du für dich entscheiden. Manchmal kann man allerdings etwas besser erkennen, wenn die Umgebung absolut frei von Ablenkungen ist. Gerade wenn es schöne Musik ist,

zu der man sich fallen lassen kann, lässt man sich auch häufig einfach fallen und schaut nicht nach dem Wesentlichen. Vielleicht nehmen wir die Musik auch nur zu gerne als Ablenkungsgrund, da wir das Wesentliche nicht wirklich sehen wollen. Der innere Schweinehund überlistet uns in dieser Beziehung mit allen Tricks: Nur nichts ändern, lieber so weitermachen wie bisher! Hilfe, es könnte ja wirklich schöner und besser für mich werden! Stelle dir die nachfolgenden Fragen immer wieder:
Hast du Angst vor Veränderung?
Hast du Angst vor dem, was die anderen sagen, wenn du plötzlich umgänglich und freundlich bist? Ist es nicht ein Schuldeingeständnis, dass es vorher deinetwegen zu Reibereien kam? Dann haben die anderen dich in der Hand und können dich für dein Verhalten angreifen.
Merkst du, wie schnell man in alte Verhaltensmuster fallen kann?
Doch deine Ängste sind völlig unbegründet. Nimm einmal eine Zitrone zur Hand und schneide sie durch. Lege eine Hälfte auf einen Teller neben dich. Auf deine andere Seite lege einen Stift. Nun nimm deinen Spiegel in die Hand und sieh hinein. Beobachte dich genau!
Jetzt beiße in die Zitrone und schau wieder in den Spiegel! Wie siehst du aus? Wie gefällst du dir?
Stelle dir vor, du müsstest immer mit solch einem Gesicht herumlaufen, es wäre unveränderbar. Die Leute würden vor dir fortlaufen, weil du so grimmig aussiehst. Zuletzt würdest du ganz allein dastehen. Würdest du das wollen?

Aber wir Menschen haben einen großen Vorteil, denn wir haben die freie Entscheidung, wie wir nach außen wirken wollen.
Wenn also der Zitronengeschmack verflogen ist und dein Gesicht wieder normal aussieht, male auf den Spiegel mit einem Stift ein grinsendes Gesicht. Das heißt Augen, Nase und Mund.
Jetzt passe dein Gesicht dem grinsenden Gesicht im Spiegel an, sodass auch du grinsen musst. Sicherlich – am Anfang ist es noch etwas schwer. Aber bald gelingt es immer besser. Bestimmt lachst du nun selbst über dich.
Stelle dir die Reaktion der Menschen vor, wenn sie dich so sehen, mit einem Lachen (ohne Spiegel natürlich!). Sie würden zurücklächeln oder sogar mit dir gemeinsam lachen.
Merkst du, welche Macht du hast, dein Leben selbst zu gestalten? Du kannst frei wählen zwischen Unmut und Freude!
Sicherlich gibt es immer wieder Meinungsverschiedenheiten, weil wir Menschen einfach unterschiedlich sind, unterschiedlich denken und fühlen. Du musst dich anderen auch nicht anpassen, damit alles besser läuft. Genauso wenig müssen sich andere aber auch nach dir ausrichten. Wir alle müssen ständig Kompromisse schließen, damit das Miteinander klappt. Aber diese sollten immer zum Wohl aller Beteiligten sein.
Sieh dir deine Unzufriedenheit noch einmal an und entschließe dich jetzt, dich von ihr zu trennen!

Schreibe das Wort ‚Unzufriedenheit' auf einen Zettel. Bedanke dich bei der Unzufriedenheit, weil sie dich darauf aufmerksam gemacht hat, auf dich zu achten und zu lernen. Verbrenne die Unzufriedenheit in einem feuerfesten Gefäß mit dem Wunsch, endgültig von ihr befreit zu sein.

Ist die Unzufriedenheit erst einmal verbrannt, dann feiere ein wenig mit dir. Gönne dir etwas Gutes, auf das du schon immer Lust hattest.

Sobald du in zukünftigen Situationen Unzufriedenheit in dir hochsteigen spürst, betrachte deine Gefühle genau. Löse die Unzufriedenheit ganz bewusst in dir auf und lache. Freue dich über die Macht, die du besitzt.

Singledasein – Einsamkeit

- mindestens eine Stunde Zeit für dich
- eine oder mehrere Kerzen
- eventuell Räucherstäbchen
- Musik, die dein Herz berührt
- ein Kissen und/oder eine Kuscheldecke
- deinen Spiegel
- einen Filzstift
- ein Paket Meersalz
- ein Päckchen Backpulver
- frische bunte Blumen

Wie viele Tränen hast du in den beiden Tagen, an denen du das Grundrezept erarbeitet hast, geweint?
Warum hast du geweint?
War es wirklich das Alleinsein oder eher Selbstmitleid?
Gehe nicht gleich in die Luft bei dem Wort ‚Selbstmitleid'. Wenn es nur das Alleinsein oder die Einsamkeit ist, hast du verschiedene Möglichkeiten, das zu ändern. Du kannst zum Tanzen gehen, einem Verein beitreten oder Freunde treffen. Das sind nur einige Beispiele, mit Menschen zusammenzukommen, nicht allein sein zu müssen.
Aber es liegt an dir, auf andere Menschen zuzugehen. Andere bemerken nicht, dass du dich einsam fühlst. Wenn du die Erwartung hast, andere würden dich wie der Prinz das Dornröschen aus deiner Einsamkeit befreien, wirst du mit Sicherheit enttäuscht.
Bist du an diesem Punkt deiner Überlegung angekommen, wird dir vielleicht klar, dass du gar nicht normale zwischenmenschliche Kontakte suchst, sondern vielmehr eine Partnerschaft. Dann solltest du dir unbedingt einige Fragen beantworten.
Was erwartest du von deinem zukünftigen Partner?
Soll er mit dir gemeinsam einsam sein? Oder willst du ihm gar die Verantwortung übertragen, dass du dich nicht mehr einsam fühlst? Angenommen, dein zukünftiger Partner hat zwei oder drei Hobbys, die er nicht mit dir teilen kann. Muss er sie aufgeben, damit er sich mit dir die Zeit vertreiben kann? Oder er hat einen Job, der ihn voll ausfüllt und nur wenig Zeit für dich übrig bleibt. Was ist dann? Soll er kündigen oder willst du ihm dann

die Schuld für deine Einsamkeit in der Partnerschaft geben?
Du siehst, alleine durch die Wahl eines Partners löst sich die Einsamkeit nicht auf. Die Verantwortung für die Lösung des Problems liegt vielmehr ganz allein bei dir. Solange du allein nicht glücklich sein kannst, schaffst du es zu zweit erst recht nicht!
Also beginne mit dir selbst, was du ja schon mit dem Grundrezept an mindestens zwei Tagen getan hast. Wie hast du dich wahrgenommen? Hast du vieles an dir kritisiert oder fandest du dich gar langweilig? Bist du mit deinem Äußeren zufrieden? Was stört dich am meisten? Gehe alle Überlegungen (die du in diesem Buch bereits aufgeschrieben hast) noch einmal durch. Was hast du Positives an dir bemerkt? Was gefällt dir an deiner Person, an deinen Gedanken und Gefühlen? Was lehnst du ab?
Wenn dir etwas nicht gefällt, wie kannst du erwarten, dass es anderen an dir gefällt?! Liebst du dich selbst? Wenn nein, wie sollen andere dich lieben?
Lerne dich ganz genau kennen, dann weißt du, was du ändern musst.
Kannst du glauben, dass lustige, fröhliche Menschen eher angenommen werden als ernste? Wo ist deine Lustigkeit, deine Fröhlichkeit? Schau in den Spiegel. Siehst du sie? Lachen deine Augen, wenn du dich betrachtest? Wo hat sich der Schalk versteckt? Suche ihn!
Nimm einen Filzstift und male ein Grinse-Smiley auf deinen Spiegel, groß genug, damit du dein Gesicht anpassen kannst. Versuche es dem Smiley nachzumachen

und passe dein Grinsen seinem Grinsen an. Na, klappt es?

Oder ist es dir zu dumm? Es könnte ja auch sein, dass du dabei lachst.
Wenn du das Lachen vermeiden willst, frage dich warum. Warum willst du in Selbstmitleid zerfließen?
Du allein triffst zu jeder Zeit die Entscheidung, ob es dir gut geht oder schlecht.
Entscheide dich für die Lebensfreude, für das Miteinander! Dazu gehört manchmal auch, albern zu sein, das ‚Kind in dir' herauszulassen, Spaß zu haben. Wecke deine Lebensfreude!
Grüße zum Beispiel beim Spaziergang andere Menschen bewusst fröhlich, lache sie an. Du wirst ganz rasch merken, das Lächeln und das fröhliche Grüßen kommen zurück. Sollte es noch nicht klappen, stelle dich notfalls vor einen großen Spiegel und übe für dich allein.
Erfreue dich an frischen bunten Blumen in deiner Wohnung. Und überhaupt! Wie sieht es mit deiner Kleidung aus? Versuche, mehr Farbe und damit auch ein Stück mehr Lebensfreude in die Auswahl deiner Kleidung zu bringen.
Sieh dir lustige Filme an, höre Musik, die dich in eine freudigere Stimmung versetzt.

Nimm ein Vollbad mit Meersalz und Backpulver. Während du in der Wanne liegst und die Wärme genießt, stelle dir vor, wie alle Unreinheiten in deinen Gedanken, Gefühlen und aus deiner Aura weggespült werden. Über die Aura teilst du anderen Menschen auf der unbewussten Ebene deine Empfindungen mit, auch die, die nicht so schön sind.

Führe diese Reinigungsprozedur sehr bewusst durch. Spürst du, wie du immer fröhlicher wirst? Achte beim Zusammentreffen mit anderen darauf, wie sich mit deinem veränderten Verhalten auch ihre Einstellung zu dir ändert. Sie sind mit einem Mal sehr gerne mit dir zusammen.

Fühlst du dich immer noch einsam?

Wenn du auf diese Art an dir arbeitest und mit jedem Tag, jeder Übung glücklicher wirst, kommt dein Lebenspartner, deine Lebenspartnerin ganz allein auf dich zu. Du musst nun niemand mehr für deine angebliche Einsamkeit verantwortlich machen, sondern kannst eure Zweisamkeit intensiv genießen.

Jemand redet schlecht über mich!

- mindestens eine Stunde Zeit für dich
- eine oder mehrere Kerzen
- eventuell Räucherstäbchen
- Musik, die dein Herz berührt
- ein Kissen und/oder eine Kuscheldecke
- deinen Spiegel
- einen Stift
- bunte Blumen, Schleifen oder Tücher
- Musik, die dich zum Tanzen bringt

Zünde eine Kerze an, lege eine CD mit beruhigender Musik ein und kuschle dich in deine Decke. Das ist wichtig, denn so kannst du dich beschützt fühlen. Nichts und niemand kommt so an dich heran. Bist du dann erst einmal körperlich etwas zur Ruhe gekommen, dann lass deine Gedanken zur Ruhe kommen und versuche, die Situation und das Gerede über dich ohne Bewertung zu betrachten. Vielleicht schaffst du es und kannst dir diese Situation wie einen Film betrachten. Vielleicht hilft es dir auch, hier die negativen Sätze, die über dich gesagt wurden, auszuschreiben.

Was wurde Negatives über mich gesagt? – Fasse es in einigen kurzen Sätzen zusammen!

Das Geschriebene bewirkt, dass du das Wesentliche aufschreibst und zugleich einen nötigen Abstand bekommst.

Rege dich nicht auf, versuche nicht, dich für irgendetwas zu entschuldigen oder zu rechtfertigen. Schreibe nur das Wesentliche auf.

Nun lies es noch einmal durch. Überdenke dieses Gerede, den Inhalt.

Wer redet so über dich? Was ist das für eine Person, die das Gerede in die Welt gesetzt hat? Welche Personen springen darauf an und erzählen das, natürlich ausgeschmückt um ihre eigenen Fantasien, weiter?

Welchen Hintergrund hat das Gerede? Was empfinden diese Personen unter Umständen? Neid, Missgunst, Eifersucht? Versuche es zu ergründen.

Die Menschen ‚tratschen' aus unterschiedlichsten Gründen. Manchmal über das, was sie selbst gerne tun würden, aber nicht ‚dürfen', zum Beispiel mit jemand anderem flirten oder Sex haben. Oder sie lästern, weil jemand etwas erreicht hat, was sie sich selbst nicht zutrauen. Manches Mal wollen die Leute einfach nur reden. Dann ist alles, was eine bestimmte Person macht falsch, ohne dass es einen konkreten Anlass gibt. Gerade Menschen, die anders als die Allgemeinheit sind, werden häufig zum Opfer solchen Geredes. Menschen, die versuchen, allen Schwierigkeiten zum Trotz ihren eigenen Weg zu gehen, werden durch ein solches Gerede schlecht gemacht.

Was bist du für ein Mensch?

Ist dein Handeln, weshalb über dich geredet wird, für dich normal? Versuche herauszufinden, ob die anderen

Menschen dein Handeln verurteilen, weil sie es nicht nachvollziehen können. Was für dich ‚normal' ist, stellt für andere Menschen vielleicht ein unverantwortliches, weil außerhalb ihres Vorstellungsvermögens liegendes Verhalten dar.

Warum verletzt es dich so, wenn andere über dich reden? Was erwartest du von ihnen? Warum sollen die anderen dich mögen? Was erwartest du von dir? Erkennst du dich selbst so an, wie du bist?

Was hast du in den letzten Tagen über dich selbst gelernt? Achtest du dich so, wie du bist und handelst? Wirklich? Wenn nicht, wie kannst du dann erwarten, dass andere dich achten?

Strahlst du Selbstbewusstsein aus und gehst mit aufrechtem Gang durch die Welt? Oder bist du zurzeit eher zusammengekrümmt wie ein Häufchen Elend und jammerst über alle und alles? Warum willst du jammern und leiden?

Du kannst zu jeder Zeit frei wählen, was du fühlen möchtest!

Wahrscheinlich ist es ohnehin so, dass dir nur zugetragen wird, was man sich erzählt. Selten sagt dir jemand direkt, was er denkt, und steht dir gegenüber zu seiner Meinung. So bekommst du natürlich nicht einmal die Gelegenheit, dein Handeln oder dein Verhalten aus deiner Sichtweise zu erzählen und zu erklären. Selbst wenn du die Person kennst, die über dich tratscht, und sie ansprichst und eine Erklärung forderst, kann es möglich sein, dass sie alles abstreitet und aus ihrer Sicht überhaupt kein Problem vorliegt.

Schon ärgerst du dich, dass du deinen Frust nicht loswerden kannst! Aber brauchst du dafür wirklich eine andere Person? Der Ärger liegt in dir selbst und hat nur mit dir zu tun. Du ärgerst dich, dass die andere Person so mit dir umgeht.
Überlege: Was kannst du aus dieser Situation gewinnen? Selbstachtung oder Selbstwert?
Warum kann diese andere Person diese Wut in dir auslösen? Seid ihr emotional sehr verbunden? Hast du dieser Person vertraut? Hast du sie gar geliebt? Das verletzt dann natürlich sehr!
Denke immer wieder über die Beweggründe dieser Person nach. Was kann hinter ihrem Verhalten stecken? Warum tut sie dir so etwas an?
Aber noch wichtiger ist: Warum leidest du so?
Alles, was in dir ist, kannst du auflösen, andere kannst du nicht ändern.
Denke immer daran, trotz allem ist Liebe die stärkste Kraft! Alles, was du von dir gibst, kommt doppelt und dreifach zu dir zurück, egal ob gut oder schlecht!
Um Klarheit und Ruhe in die Situation zu bringen, zünde eine weiße (für die Reinheit) Kerze an mit dem Gedanken an Klärung für diese Situation.
Visualisiere eine weiße Wolke, die dich einhüllt. Alles Negative prallt an ihr wie an einem Schutzschild ab. Du bist geschützt. Vertraue darauf.
Jetzt richte deine Gedanken wieder auf das Positive in deinem Leben und stärke dieses mit deiner Energie. Bringe Farben in deine Umgebung: Blumen, Schleifen oder Tücher.

Sieh immer wieder in deinen Spiegel und lache! Wenn es sein muss über dich selbst. Spiele Musik, nach der du ausgelassen tanzen kannst.
Ist diese Tratscherei wirklich wichtiger als deine Lebensfreude? Wohl kaum!
Achte dich selbst und gehe bewusst mit geradem Rücken durchs Leben.
Sobald du wieder in den alten Pessimismus abzurutschen drohst, lache dich selbst aus. Dieses Problem löst sich dann bald von ganz allein, entweder durch Aussprache oder weil es unwichtig wird und sich von selbst in Nichts auflöst.

Ich bin das ‚Schwarze Schaf' der Familie!

- mindestens eine Stunde Zeit für dich
- eine oder mehrere Kerzen
- eventuell Räucherstäbchen
- Musik, die dein Herz berührt
- ein Kissen und/oder eine Kuscheldecke
- deinen Spiegel
- Kartonpapier in einer hellen Farbe deiner Wahl
- ein Lachen
- eine Tierfigur ‚Schwarzes Schaf'
- ein Bild von dir

Was hast du in den letzten Tagen bei den Übungen mit dem Grundrezept über dich herausgefunden? Wie hast du dich gesehen? Hast du versucht zu ergründen, wie andere dich sehen? Was sie denken, wenn sie dich sehen oder mit dir sprechen?
Hast du darüber nachgedacht, warum einige Personen dich ablehnen? Sind da nicht auch andere Menschen, die dich sehr gerne haben? Oder glaubst du wirklich, alle lehnen dich ab?
Was heißt das eigentlich: ‚Schwarzes Schaf' der Familie? Warum verbindest du das mit etwas Negativem? Ist die Farbe Schwarz wirklich negativ? Warum? Weil sie die Dunkelheit symbolisiert? Was bedeutet Dunkelheit, das Schwarze überhaupt?
Es ist das Nichts, die Leere! Wir sehen nichts, es kommt aber auch nichts an uns heran! In der Dunkelheit können wir zu uns selbst finden! Wir können uns ganz auf unser Innerstes konzentrieren, weil wir nicht abgelenkt werden! Ist es nicht etwas besonders Schönes, sich selbst erkennen zu dürfen? Zu sehen, wer ich wirklich bin? Kann es möglich sein, dass du anderen vieles voraus hast und viel mehr erkennst?
Könnte es nicht einfach so sein, dass die anderen deine Zusammenhänge nicht nachvollziehen können, weil sie sie ganz einfach nicht verstehen? Weil sie ganz einfach anders denken als du? Versuchen sie eventuell aus lauter Hilflosigkeit, dich als dumm hinzustellen, damit sie sich nicht selber als dumm verstehen müssen?
Sie könnten dein Denken auch einfach akzeptieren und sagen, dass dein Weg ein anderer ist als ihrer. Sie han-

deln aber nicht so. Sie wollen ihr Selbstverständnis und ihr Denken bewahren und dich ändern, damit du mit deinem Denken und Fühlen ihr Selbstverständnis nicht gefährdest und in ihr Schema passt. Nur aus diesem Selbstverständnis heraus kann jemand behaupten, dass sein Denken und Fühlen richtig ist.
Und wieso eigentlich Schaf? Wer behauptet, ein Schaf sei dumm? Denn dieses Bild des dummen und zugleich auch noch sturen Tieres ist ja Grundlage der Aussage vom ‚Schwarzen Schaf' der Familie. Sie fühlen sich natürlich im Recht: Gegen Dummheit und Sturheit muss man doch angehen!
Aber ist nicht eigentlich dieses Verhalten der anderen dumm und stur? Allenfalls kann man ein solches Verhalten als kluge und ausdauernde Taktik einstufen, einen unliebsamen Menschen, der anders denkt und fühlt, auszuschließen und sein eigenes Verhalten nicht zu reflektieren.
So gesehen ist das ‚Schwarze Schaf' doch durchaus etwas Positives. Sieh dich also als etwas Gutes, Positives. Du hast den Menschen mit deinem eigenen Denken, Fühlen und Verhalten sicherlich viel zu geben, und sei es nur, dass du andere durch dein ‚anders sein' zum Nachdenken bringst.
Anders zu sein als andere bedeutet nicht, schlechter zu sein als andere!
Warum brauchst du überhaupt die Anerkennung der anderen? Warum möchtest du, dass gerade diejenigen dich anerkennen, die dich kritisieren? Weil sie dich kritisieren?

Denkst du, sie mögen dich wegen ihrer Kritik an dir nicht mehr? Kannst du nicht sinnvollerweise Kritik annehmen, um dich noch besser entwickeln zu können?

Sieh Kritik als einen Denkanstoß an! Ziehe Kritik nicht sofort ins Negative! Hinterfrage, was du aus dieser Kritik lernen kannst. So verbesserst du deine Erkenntnisse immer mehr und kannst immer leichter durch das Leben gehen.

Dazu gehört aber auch, dass du dich erst einmal selbst anerkennst! Denn wie sollen andere dich anerkennen, wenn du es selbst nicht kannst? Du kannst nur das im Außen finden, was in deinem Inneren vorhanden ist. Daran musst du arbeiten! Also beginne wie beim Grundrezept damit, dich erst einmal selbst zu erkennen und anzuerkennen.

Wer bist du? Was denkst du? Was fühlst du? Was möchtest du in deinem Leben erreichen? Wie könnte deine Lebensaufgabe aussehen? Welchen Sinn hat dein Leben? Was kannst du anderen Menschen geben, damit ihr Leben leichter oder schöner wird?

Jeder Mensch hat eine andere Aufgabe. Gemeinsam können wir daher nur das Ganze erreichen, indem wir jedes Teil (jeden einzelnen Menschen) wie in einem Puzzle zusammenfügen. Welche Aufgabe könntest du in diesem Puzzle haben?

Nimm einen Bogen Kartonpapier in einer hellen Farbe deiner Wahl und schneide ihn in so kleine Teile, dass du noch etwas auf die einzelnen Teile schreiben kannst. Mache dir nun Gedanken, welche Aufgaben die Menschen aufgetragen bekommen. Schreibe sie auf die einzelnen Teile, auch deine möglichen Aufgaben.

Schreibe zu den anderen Aufgaben die Namen der Personen, die deiner Meinung nach für die Aufgaben in Frage kommen. Setze nun diese Teile wie ein Puzzle wieder zusammen.

So erkennst du vielleicht, welche Rolle du in dieser Situation spielst und wie ihr zusammenkommen könnt. Nimm nichts persönlich, was die anderen Personen sagen oder kritisieren. Genauso sollten es die anderen halten. Jeder kann nur nach seinen Ansichten handeln und von sich und seinem Wollen ausgehen.

Was andere sagen, kannst du als Denkanstoß oder Anregung zur Veränderung annehmen – oder auch nicht, wenn du es nicht umsetzen kannst.

Es ist deine Freiheit zu entscheiden. Lerne dich selbst anzuerkennen und anzunehmen wie du bist! Genau so sollst du sein, sonst wärest du anders auf die Welt gekommen! So wie du innerlich und äußerlich bist, bist du richtig, so lange, wie du selbst mit dir einverstanden bist. Ansonsten ändere, was dich an dir stört!

Freue dich, dass du so bist, wie du bist! Liebe dich so, wie du bist! Verwöhne dich, mache dich hübsch, strahle das aus, was du fühlst! Stärke dein Selbstvertrauen. Versuche nicht, andere zu ändern. Das schaffst du genauso wenig, wie andere dich ändern können. Schenke denen, die dich immer wieder kritisieren, ein strahlendes Lächeln und danke ihnen, vielleicht auch nur in deinem Inneren, dass sie es dir ermöglichen, so viel zu lernen und weiterzukommen. Besorge dir als Symbol eine Tier-

figur ‚Schwarzes Schaf' und stelle sie neben einem Bild von dir auf.
Sieh das Positive am ‚Schwarzen Schaf' und sei es gern.

Konflikt mit den Eltern als Erwachsener

- mindestens eine Stunde Zeit für dich
- eine oder mehrere Kerzen
- eventuell Räucherstäbchen
- Musik, die Dein Herz berührt
- ein Kissen und/oder eine Kuscheldecke
- deinen Spiegel
- einen Schwamm
- ein Stück Pappe
- einen bunten Blumenstrauß

Bestimmt ist dir schon aufgefallen, dass dich der Konflikt mit deinen Eltern so schmerzt, weil du sie von Herzen liebst. Oder bist du schon so weit, dass du sagst: „Mit meinen Eltern will ich nichts mehr zu tun haben! Die können mich mal! Ich habe jetzt alles versucht! Die sollen mich nur noch in Ruhe lassen!"
Solche Sätze zeigen nur die Tiefe deiner Verletzungen. Du kannst es nicht mehr ertragen und wendest dich deshalb ab. Es sind zu viele Schmerzen.
Mache dir klar, dass du unbewusst diese Situation heraufbeschworen hast, um zu lernen. Oder anders gesagt, bis jetzt hast du nichts getan oder geändert, um solche Situationen abzuwenden. Wenn du nicht bereit bist zu lernen, hilft dir eine Krise, damit du dich weiterentwickeln kannst.
Eine Krise tritt nur dann zutage, wenn du dich gegen den freien Fluss deiner Entwicklung stellst.
Denke einmal darüber nach, wie lange dieser Konflikt zwischen dir und deinen Eltern schon besteht. Kannst du dich zurückerinnern, wann die Auseinandersetzung mit deinen Eltern begann?
Höchstwahrscheinlich liegen die Anfänge dieser Auseinandersetzung schon in deiner Kindheit. Ist es so, dass deine Eltern dir vorschreiben wollten, was du zu tun und zu lassen hattest? Oder wie du dich verhalten solltest?
„Du hast ja sowieso keine Ahnung!", war sicherlich ein oft gehörter Satz. Und ging etwas schief, hieß es: „Siehst du, das habe ich dir ja gleich gesagt! Hättest du nur auf mich gehört, dann hättest du dir das erspart! Aber du meinst ja immer, du wüsstest alles besser!" Dann noch

ein obligatorisches Kopfschütteln, das unterstrich, wie dumm du doch wärst.

Schreibe an dieser Stelle einmal auf, was dich schon in der Kindheit am Verhalten deiner Eltern gestört hat.

> Schon in meiner Kindheit störte mich am Verhalten meiner Eltern:

Mit der Zeit und weiteren Erfahrungen dieser Art wurdest du immer unsicherer und trautest dir selbst nichts mehr zu. Und du wurdest immer trauriger, weil deine Eltern dir nichts zutrauten.
Was du bedenken musst, dein Unterbewusstsein nahm das alles auf. Du glaubtest zuletzt tief in deinem Inneren tatsächlich, dass du nichts können würdest. Durch dieses Selbstverständnis ging dann auch alles schief. In der Psychologie nennt man so etwas ‚sich selbst erfüllende Prophezeiungen'.
Solche Konflikte mit den Eltern können aber auch dazu beitragen, dass du dir endlich selbst vertraust und dir zugestehst, dass du deine eigenen Fehler machen darfst und musst! Du musst lernen, dich zu behaupten.
Um die unterschiedlichen Sichtweisen bei einem Konflikt mit deinen Eltern zu verdeutlichen, durchlaufe jetzt folgende Übung:
1. Schritt
Schreibe in einem Satz auf, worum es überhaupt in dem Konflikt mit deinen Eltern geht.

Worum geht es im Konflikt mit meinen Eltern?

2. Schritt
Versuche zu ergründen, warum deine Eltern in diesem Konflikt so gegenüber dir handeln, wie sie es tun. Schreibe diese Gründe der Reihe nach auf.

Warum handeln meine Eltern in diesem Konflikt mir ge-gegenüber in dieser Weise?

3. Schritt

Nun bist du an der Reihe. Versuche herauszufinden, welches deine Ziele sind bei diesem Konflikt. Was willst du erreichen? Überlege ganz genau, was deine Ziele bei dieser Auseinandersetzung sind und schreibe sie auf.

Worum geht es im Konflikt mit meinen Eltern? – Schreibe deine Ziele in der Reihenfolge der Wichtigkeit auf!

1.

2.

3.

4.

5.

6.

7.

Lies noch einmal ganz genau durch, was deine Ziele und die Ziele deiner Eltern in diesem Konflikt sind. Deutlich wirst du die Unterschiede sehen und auch fühlen.

Achte dich selbst und widerspreche, wenn du mit etwas, das deine Eltern dir gegenüber abfordern, nicht einverstanden bist! Nur du allein hast das Recht, für dich Entscheidungen zu treffen! Lässt du andere, auch deine Eltern, für dich entscheiden, gibst du dein mit der Geburt erworbenes Recht der freien Entscheidung ab.

Oder willst du das vielleicht? Kann es unter Umständen sein, dass du Angst vor den Konsequenzen deiner eigenen Entscheidungen hast? Vielleicht fragst du dich, was passieren wird, wenn du deine Meinungen und deine Entscheidungen bei deinen Eltern durchsetzt.

Oder hast du Angst, sie würden dir ihre Liebe aufkündigen, wenn du deine Entscheidungen versuchst durchzusetzen? Aber wie sieht es jetzt aus? Oder setzen sie dich mit materiellen Sachen unter Druck, zum Beispiel mit der Erbschaft oder mit dem mietfreien Wohnen in ihrem Haus?

Mache dir klar, du hast immer die freie Entscheidung, du kannst dir auch selbst etwas aufbauen. Ist Geld, ein Haus oder sonstiges Materielles wirklich wichtiger als du dir selber bist?

Die Reihenfolge, in der du die Wertigkeiten setzt, ist entscheidend. Stellst du materielles Gut über dich und dein Wohlergehen, darfst du dich nicht wundern, wenn du erpressbar bist. Lebe dein Leben, sonst wirst du gelebt.

Und ich bin mir sicher, dass du nicht durch andere gelebt werden willst. Also, sage deinen Eltern deutlich, wie du leben willst, dass du dein Leben gestalten willst, nicht ihres. Stärke dein Selbstbewusstsein und traue dir endlich selbst diesen Mut zu.

Dein Widerspruch hat nichts damit zu tun, dass du die Liebe deiner Eltern gefährdest. Sie gehen nur bis an deine Grenzen, von denen sie nicht wissen, wo sie sich befinden.

Hier eine kleine Übung, die du machen solltest, um dir das Verhalten deiner Eltern dir gegenüber anschaulich zu machen.

Nimm einen Schwamm in deine Hand. Du kannst ihn in alle Richtungen drücken, er gibt immer nach. Anschließend nimm ein Stück Pappe. Diese kannst du nicht drücken. Sie knickt nur zusammen, faltet sich, aber gibt nur begrenzt nach, bricht oder reißt irgendwann.

Du bist kein Schwamm. Wie die Pappe hast du Grenzen, auf Außendruck zu reagieren, dich diesem anzupassen. Es gibt eine klare Grenze, die jeder achten muss, will er dich nicht zerreißen.

Es liegt nur an dir. Ziehe klare Grenzen! Bis hierher und nicht weiter! Sage deinen Eltern, dass du sie trotzdem liebst, aber dass du deine eigenen Erfahrungen machen musst.

Nimm all deine Kraft zusammen, um diese Grenzen zu ziehen. Auch wenn du anfangs bei Auseinandersetzungen zu zittern oder zu weinen beginnst, denkst, es würde dich zerreißen, wenn du dich in dieser Form mit deinen Eltern auseinandersetzen musst.

Es wird von Gespräch zu Gespräch leichter werden, wenn deine Eltern spüren, dass es dir ernst ist und du klare Ziele verfolgst.

Ziehe dich immer wieder, wie bei dem Grundrezept, zu deinem Ruheort zurück und gehe in dich. Lerne dich selbst kennen und frage dich ständig aufs Neue, welche Ziele du wirklich verfolgst.

Lerne täglich, dich zu lieben und zu achten so wie du bist, mit all deinen Fehlern und Schwächen. Du darfst schwach sein, zweifeln, musst aber immer auf deinen Weg zurückfinden.

Entscheide dich dafür, deinen Lebensweg zu gehen. Entscheide dich für ein positives Leben voller Liebe, Fröhlichkeit, Erfolg und Gesundheit. Die Kraft dazu wurde dir in die Wiege gelegt, also nutze sie.

Feiere jeden neuen Tag als ganz besonderen Tag. Zünde für den einen Tag eine Kerze an, widme dem nächsten ein schönes Lied, an einem anderen Tag ist vielleicht das Lachen wichtig. Genieße bewusst jeden Tag und freue dich auf jeden neuen Tag.

Freue dich ebenso auf deine Eltern! Sie sind deine Wurzeln. Wenn etwas von seinen Wurzeln getrennt wird, dann wird es nicht mehr lange wachsen. Sei dankbar, dass deine Eltern da sind. Auch wenn sie versuchen, dir Vorschriften zu machen, meinen sie es nur gut und wollen Unheil von dir abwenden oder durch dich erreichen, was sie selbst nicht geschafft haben.

Es ist auch möglich, dass sie dich unterdrücken wollen, weil sie sich selbst schwach fühlen und meinen, dadurch stärker zu sein. Zeige ihnen nur immer wieder klar deine

Grenzen auf und lasse dich nicht erpressen, weder durch ihr Zureden noch durch materielle Gaben. Zeige ihnen aber auch deine ganze Liebe und verwöhne sie, zum Beispiel mit einer Einladung zum Essen, einem Blumenstrauß oder einem Ausflug. Lass die Liebe Einzug halten in euer Miteinander.

Die Unruhe deines Kindes

- mindestens eine Stunde Zeit für dich
- eine oder mehrere Kerzen
- eventuell Räucherstäbchen
- Musik, die dein Herz berührt
- ein Kissen und/oder eine Kuscheldecke
- deinen Spiegel
- einen Schaschlikspieß
- ein Papiertaschentuch
- einige Bohnen
- Schale mit Wasser oder eine Froschfigur
- ein Blatt Papier und ein Stift mit deiner Farbe

Immer wieder wird es auch zu unterschiedlichen Auffassungen zwischen dir und deinem Kind kommen. Du kannst die Unruhe deines Kindes spüren, merkst aber auch, dass du von dieser Unruhe angesteckt wirst und es dadurch immer wieder bei Kleinigkeiten zu Auseinandersetzungen kommt. Recht schnell ist heute in solchen Momenten von einem medizinischen Bild (ADS etc.) die Rede. Dabei handelt es sich zum Teil um sehr normale Auseinandersetzungen, wie du nach der Lektüre und der Erarbeitung des Kapitels über deine Auseinandersetzungen mit deinen Eltern schon erahnen wirst.

Denke nach, was du alles in den letzten Tagen über dich erfahren und erkannt hast. Wie bist du? Wer bist du? Wie reagierst du? Was kannst du ändern?

Du hast vor allem gelernt, dass nur du dich ändern kannst. Dein Kind, dein Partner, deine Eltern, Freunde und Bekannten gehen ihren eigenen Weg und lassen sich nicht in eine Rolle zwängen, die nicht zu ihnen passt. Aber denke immer daran, sie sind auch deine Lehrer.

Was sollst du lernen?

Sollst du dich vielleicht wichtiger nehmen?

Wie viel Zeit verbringst du mit dir selbst? Wie oft verwöhnst du dich, zum Beispiel mit einem Wellnessbad? Überlege, womit oder wobei du am besten entspannen kannst!

Fange damit an, dass du zur Ruhe kommst und meditierst. Oder setze dich einfach an einen ruhigen Platz und höre schöne Musik. Zünde eine Kerze an und stelle dir vor, sie brennt alle Unruhe weg.

Komm zu deiner Mitte und suche nach deiner Liebe.
Wo hast du sie versteckt?
Wie war das noch früher mit den Schmetterlingen im Bauch – kannst du ein ähnliches Gefühl wieder empfinden? Fühlst du deine Liebe? Du liebst doch dein Kind und deine Familie. Wahre Liebe kann nicht ungeduldig sein.
Versuche nun zu verstehen, warum dein Kind so ist, wie es ist. Könnte es anders reagieren, würde es das bestimmt tun. Leidet es nicht auch unter dieser Situation ständiger Auseinandersetzungen?
Nimm nun den Schaschlikspieß und das Taschentuch und bastle eine ‚Friedensfahne' daraus. Stelle sie an einen Platz, wo du sie immer siehst. Sie soll dich an die Liebe, den Frieden und die innere Ruhe erinnern, sobald du wieder hochzugehen drohst. Du kennst die HB-Männchen-Werbung aus früheren Zeiten? Wir brauchen keine Zigarette, um nicht hochzugehen, wir brauchen nur unsere innere Ausgeglichenheit.
Symbolisch lege noch einige Bohnen in die Wohnung, um dir damit die Ohren ‚zuzustopfen', wenn es mal wieder zu laut wird.
Nimm auch eine Schale mit Wasser. Segne dieses Wasser und spritze es in alle Räume, um sie damit zu reinigen.
Du kannst auch einen ‚Frosch' für die Reinigung der Räume oder Gedanken aufstellen.
Dann nimm ein Blatt Papier und einen Stift mit deiner Farbe. Schreibe nun den Namen der Person, die dich aufregt, oben auf das Blatt, deinen Namen darunter.

Beginne in der Mitte zwischen den Namen, zeichne links hoch, um den obersten Namen rechts herum, links hinunter zu deinem Namen, rechts um deinem Namen herum und wieder zur Mitte. So entsteht eine 8. Zeichne diese 8 um die Namen immer wieder und in immer schnellerem Tempo, bis du sie flüssig zeichnen kannst. Denke dabei: „Dein Leben, mein Leben!"

Auf diese Weise schaffst du dir ein Symbol, den Lebensweg des anderen, aber auch deinen Lebensweg anzuerkennen und behältst doch die Verbindung.

Diese Rituale wende so lange an, bis du dich und die anderen leichter und besser annehmen kannst, so wie ihr seid.

Du wirst es an deiner eigenen Ruhe und deinem Verstehen des anderen merken, wann du diese Ausgeglichenheit erreicht hast.

Ausgepowert – ausgebrannt

- mindestens eine Stunde Zeit für dich
- eine oder mehrere Kerzen
- eventuell Räucherstäbchen
- Musik, die dein Herz berührt
- ein Kissen und/oder eine Kuscheldecke
- deinen Spiegel
- Tanzmusik
- Süßigkeiten
- eine Torte/einen Kuchen

Wie viel Zeit hast du dir für das Grundrezept wirklich genommen? Hast du es überhaupt durchgeführt oder bist du der Meinung, es ist nicht so wichtig? Vielleicht glaubst du, dass du nicht so viel Zeit hast, weil du ja noch dies und das erledigen musst. Bist du der Meinung, dass das hier beschriebene Rezept ausreichen würde, um wieder Kraft zu bekommen?
Sollte es so sein, so willst du anscheinend nicht wirklich etwas ändern, willst lieber leiden und bemitleidet werden.
Aber warum ist dieses Leiden und Mitleid für dich so wichtig? Könnte es sein, dass du glaubst, darüber Beachtung zu finden?
„Oh, die/der Arme, macht so viel und geht bis an ihre/seine Grenzen." „Arbeite weniger, lade dir nicht zu viel auf! Komme zur Ruhe!" Sind das Sätze, die du kennst und die du eigentlich gerne hörst?
Diese Sätze nimmst du als Beweis, dass da jemand ist, der sich Sorgen um dich macht.
Und da sind der Chef, die Firma und/oder die Familie, für die ich mich aufreibe. Ich tue alles, bin immer da. Überstunden müssen sein, damit es der Firma gut geht, davon hängt ja auch meine Arbeitsstelle ab. Ich mache es also auch für mich, außerdem merkt der Chef, dass er mich braucht! Andere würden das bestimmt nicht so machen! Oder in der Familie freuen sich alle, dass alles so sauber ist, die Wäsche gewaschen ist, die Kinder werden zu ihren Freizeitaktivitäten gefahren, dem Partner werden alle Kleinigkeiten abgenommen, damit er seinen Feierabend genießen kann. Selbst verzichtest du auf

Vieles und sagst Termine ab, weil dein Persönliches ja nicht so wichtig ist.

Doch anstatt dankbar zu sein, wird von den Menschen immer mehr gefordert und gemeckert, weil du nicht immer gleich springst, wenn sie einen Wunsch haben. Du hast doch sonst immer alles sofort erledigt.

Niemand von denen, für die du dich so aufreibst, bemerkt, wie ausgepowert du bist. Es will auch niemand merken, denn dann müssten sie von sich aus sagen: „So geht es nicht weiter!" Sie müssten ihre Sachen selbst in die Hand nehmen, eigene Lösungen finden.

Die dir wichtigen Menschen geben dir also nicht die Anerkennung, die du dir so sehr wünschst.

Warum sollten sie auch?

Erkennst du dich denn selbst an und achtest dich?

Bejahst du diese Frage, dann solltest du dir deinen Spiegel zu Hilfe nehmen. Nimm ihn in die Hand und schaue dir tief in die Augen.

Achtest du dich wirklich?

Zerstört man denn das, was man achtet und liebt?

Unbewusst vielleicht, aber nicht, wenn man bei vollem Bewusstsein ist. Wenn du ausgepowert und ausgebrannt bist, sozusagen am Boden zerstört bist, achtest du dich nicht! Wie könntest du sonst dein eigenes Verhalten zulassen!

Doch warum willst du dich selbst vernichten?

Niemand anderem als dir selbst darfst du die Schuld an diesem Zustand geben!

Du glaubst es noch immer nicht? Dann schreibe an dieser Stelle einmal auf, welche Aufgaben du auf der Arbeitsstelle zusätzlich übernimmst und was du für die Familie alles machst. Ganz wichtig, begründe auch, warum du das alles machst.

Auf der Arbeitsstelle mache ich zusätzlich:	Warum mache ich das?

Zu Hause mache ich für meinen Partner, mein Kind, für alle:	Warum mache ich das?

Schaue dir noch einmal genau an, warum du etwas machst!

Welche Gelegenheiten bleiben über, wo du wirklich etwas für dich machst?

Ändere dein Verhalten! Sofort! In diesem Augenblick! Lerne dich zu lieben und zu achten! Niemand erwartet von dir dieses Aufreiben, außer du selbst.

Nimm dir genügend Zeit, um dich zu erholen, um Kraft zu tanken für Körper, Seele und Geist! Geht es dir gut, dann hast du auch die Kraft, anderen Gutes zu tun, ohne ausgepowert zu sein.

Hast du dir wirklich die Zeit für die Übungen im Grundrezept genommen? Konntest du dich wirklich fallen lassen? Wenn nicht, dann wiederhole die Übungen aus dem Grundrezept noch einmal.

Genieße ganz bewusst die Zeit für dich! Genieße die Ruhe, die Musik, deine Kuscheldecke. Lenke deine Gedanken ganz bewusst auf dich. Die Arbeit läuft nicht weg und ist später auch noch da.

Jetzt ist deine Zeit! Nimm Urlaub von der Arbeit. Lasse dich notfalls krankschreiben. Du bist jetzt wichtig! Du musst Kraft tanken! Wenn jemand deine Zeit stören will, zeige ihm seine und deine Grenzen auf! Bis hierher und nicht weiter! Oder willst du in Kürze im Krankenhaus landen?

Zieh die Notbremse, nimm ein schönes Entspannungsbad mit einem Duft, der dir guttut. Zünde Teelichter an, verteile sie im Badezimmer. Sie geben dir Licht, Wärme und Geborgenheit. Lass schöne, beruhigende Musik im Hintergrund laufen und genieße.

Nutze jede Gelegenheit, um in die Natur zu gehen. Unsere Erde nimmt alles Negative auf und reinigt uns. Nimm die Sonne, den Regen, den Wind, die Bäume, ja jeden Grashalm bewusst wahr und freue dich an ihrem Dasein. Danke der Natur, dass sie dir neue Kraft schenkt.

Betrachte dich täglich immer wieder in deinem Spiegel und lerne, dich selbst zu lieben. Liebe dich so, wie du bist, auch wenn du nicht mehr alles für die anderen tust, die das ohnehin nie anerkennen.

Tue zuvorderst dir selbst Gutes. Weise die anderen liebevoll in ihre Schranken. Sage ihnen, dass du nicht mehr kannst. Nur so wissen und merken sie, wie es dir geht. Sie haben nur genommen, was du zu geben bereit warst. Lass ihnen genügend Zeit, damit sie sich der neuen Situation anpassen können.

Wenn du dein „Nein" sagst, formuliere es mit einem Lächeln und halte deinem Gegenüber (gleich ob Erwachsener oder Kind) zu Beginn eine Tüte Bonbons hin: „Möchtest du auch eins?" Damit nimmst du die Spannung aus der Situation.

Halte in dieser Umgewöhnungsphase immer etwas ‚Nervennahrung' für dich parat, vor allem viel frisches Obst. Richte dein Leben bewusst an frischen, fröhlichen Farben aus und lass die Sonne in dein Herz. Bei trübem Wetter nutze notfalls das Solarium.

Lerne die Menschen, die du liebst, neu wahrzunehmen. Gib ihnen deine ganze Liebe! Alles, was du gibst, kommt zu dir zurück. Stelle aber keine Erwartungen an sie. Höre Musik, die dich zum Tanzen bringt. Tanze immer, wenn dir danach ist. Das erdet und stärkt dich. Singe laut und lache viel.

Vielleicht hast du Lust, dir einen Kuchen zur Feier deines Tages zu backen? Zusammen mit den Menschen, die dir am Herzen liegen, kannst du dann feiern und dich feiern lassen.

Habe Geduld und lasse dir Zeit. Mit jedem Tag kommst du einen Schritt näher in Richtung Selbstachtung und Lebensfreude.

Mobbing

- mindestens eine Stunde Zeit für dich
- eine oder mehrere Kerzen
- eventuell Räucherstäbchen
- Musik, die dein Herz berührt
- ein Kissen und/oder eine Kuscheldecke
- deinen Spiegel
- so viele Puppen wie beteiligte Personen
- Wellnessbad, Massage oder ähnliches
- Mutter Natur

Mobben ist zurzeit zu einem Modewort geworden für einen Zustand, den es natürlich bereits vorher gab. Man grenzt dich bewusst aus. Um mit diesem Umstand umgehen zu können, ihn erfassen zu können, müssen wir noch einmal an den Anfang zurückkehren.
Wie hast du die Übungen mit dem Grundrezept erlebt? Was ist dir bewusst geworden? Konntest du die Übungen überhaupt durchführen? Vielleicht dachtest du: „Es hat sowieso alles keinen Zweck! Auch wenn ich versuche, mich selbst kennen zu lernen, sehe ich nur meine Schwächen. Mir wird dann noch klarer, wie stark und gemein die anderen Personen sind! Mir geht es dann nur noch schlechter!"
An diesem Punkt möchtest du dich sicher am liebsten verkriechen. Zum Glück geht das so einfach nicht, denn es wäre auch ein verhängnisvoller Fehler, der deinen Zustand noch verschlechtern würde.
Hast du die Tage, an denen du dich mit dem Grundrezept beschäftigt hast, überhaupt dazu genutzt, Kraft zu tanken, dich selbst zu stärken? Oder hast du mehr über die Personen nachgedacht, die dich ausgrenzen, mobben?
Konntest du deine Gedanken überhaupt auf dich richten? Wovor hast du Angst, wenn du es nicht gemacht hast?
Vor was möchtest du weglaufen? Vor deinen Gefühlen? Wenn du darüber genau nachdenkst, musst du zugeben, dass das unmöglich ist! Du kannst deine Gefühle wohl verdrängen, in irgendeine Ecke schieben, doch bei der nächstbesten Gelegenheit kommen sie wieder zum Vor-

schein. Sie wollen sich nicht verdrängen lassen! Weil sie sich so wichtig finden, provozieren Gefühle die Entstehung von Situationen, damit sie sich wieder präsentieren können! Also wirst du so lange mit solchen, in diesem Fall Mobbing-Situationen konfrontiert, bis du sie angehst und auflöst.

Den Anfang hast du schon gemacht, indem du dieses Buch zur Hand genommen hast. Falls du das Grundrezept nicht oder nur oberflächlich durchgearbeitet hast, versuche es noch einmal. Entscheidend ist nämlich, dass du dich selbst erkennst. Wer bist du? Wie bist du? Was gibst du? Welche Talente hast du?

Du bist sehr wertvoll. Erkenne das (an). Was würden die Menschen, die dich mobben, ob beruflich oder privat, ohne dich machen? Stelle dir vor, du wärest nicht mehr da. Was würde passieren?

Einerseits würdest du deine Ruhe haben, andererseits vielleicht auch weiter Zukunftsängste. „Wer will mit mir schon etwas zu tun haben?"

Doch denke auch einmal darüber nach, wie es der/den anderen Person/en geht, die dich ausgrenzen. Sie haben niemanden mehr, den sie ärgern und demütigen können! Merkst du, welch eine große Lücke du hinterlassen würdest? Was glaubst du, geht dann in den anderen vor? Du fehlst ihnen so sehr, weil sie gar nicht mehr wissen wohin mit ihrem Frust oder ihrer Überheblichkeit!

Um dir die Vorstellung zu erleichtern, mache nachfolgend ein paar Notizen, die dir noch einmal verdeutlichen, warum dich die anderen ausgrenzen. Schreibe jeweils auf, wie der andere dich ausgrenzt und begründe dahinter, warum er das jeweils macht.

...... grenzt mich aus, indem er/sie ...	Warum handelt er/sie so?
...... grenzt mich aus, indem er/sie ...	Warum handelt er/sie so?
...... grenzt mich aus, indem er/sie ...	Warum handelt er/sie so?

Merkst du, wie wichtig du bist?

Stelle dir einmal das Geschehen vor, wenn du nicht mehr da wärst. Du siehst die anderen Personen herumlaufen. Sie sind gelangweilt oder fangen an, sich über Kleinigkeiten aufzuregen. Niemand ist mehr da, den sie ‚klein' machen können. Das macht sie immer unzufriedener. Damit die Zufriedenheit wieder hergestellt wird, müssen sie sich ein neues ‚Opfer' suchen. Ist das nicht armselig? Können solche Menschen einem nicht leid tun? Sie müssen Menschen demütigen, um sich selbst als vermeintlich gut dastehen zu lassen.

Möchtest du dich wirklich mit solchen Menschen vergleichen oder auf eine Stufe stellen? Bist du nicht in Wirklichkeit die stärkere Person, weil du so etwas nicht nötig hast?

Solche Menschen, die dich ausgrenzen, kannst du doch höchstens mitleidig belächeln. Warum gibst du ihnen so viel Macht?

Stecke deine ganze Energie lieber in dich selbst! Lasse dich nicht verunsichern! Versuche nicht, dich für irgendetwas zu rechtfertigen, das du nicht getan hast! „Das war ich nicht!" oder „Das stimmt nicht!" sollte alles sein, was du zur Ablehnung solcher Vorwürfe sagst.

Zeige lieber deine Stärke! Da du verstanden hast, dass die Ausgrenzungsvorwürfe dir gegenüber große Schwächen der anderen sind, kannst du vielleicht schon ein bisschen über ihr Verhalten lächeln.

Eventuell kannst du dir so viele Puppen besorgen wie Personen an der Ausgrenzungssituation beteiligt sind. Ziehe dich damit an deinen Platz zurück, lasse dich von

nichts und niemandem stören. Bitte eine/n Freund/in, mit dir zusammen die konkrete Situation mit Hilfe dieser Puppen durchzuspielen.
Nun erkennst du vielleicht schon, wo du dich anders verhalten musst, damit dich niemand mehr so angreifen kann. Spielt diese Situation auch mit verändertem Verhalten einmal durch.
Du kannst dir dein neues Verhalten gegenüber den anderen Personen notieren und es dir immer wieder vor Augen führen.

mein neues Verhalten gegenüber ....

mein neues Verhalten gegenüber ....

mein neues Verhalten gegenüber ....

Um dein Selbstvertrauen zu stärken, belege Kurse, die dich innerlich zur Ruhe führen und in denen du Kraft tanken kannst, zum Beispiel Yoga-Kurse, Autogenes Training oder Reiki.

Verwöhne dich und deinen Körper oder lasse dich verwöhnen. Wie wäre es mit einem Wellnesswochenende?

Siehe zwischendurch in einer stillen Stunde immer einmal wieder in deinen Spiegel und frage dich, warum oder ob du dich immer noch so behandeln lässt. Oder lobe dich selbst für einen noch so kleinen Erfolg, den du verzeichnen kannst. Das spornt dich an.

Habe aber auch Geduld mit dir und schreite Stück für Stück voran. Sage dir immer wieder: „Niemand hat das Recht, so mit mir umzugehen. Und er geht nur so mit mir um, weil er nicht anders mit sich und anderen umgehen kann."

Gehe hinaus in die Natur und genieße das Gefühl, frei zu sein. Mutter Erde stärkt dich in solchen Situationen.

Spüre, wie du immer stärker wirst und zaubere ein Lächeln auf dein Gesicht. Schau dir dieses Lächeln in deinem Spiegel an.

Es liegt an dir. Du hast die Macht, den Umgang der Menschen mit dir zu bestimmen, also die Sonne für dich wieder scheinen zu lassen!

Arbeitslos – Was nun?

- mindestens eine Stunde Zeit für dich
- eine oder mehrere Kerzen
- eventuell Räucherstäbchen
- Musik, die dein Herz berührt
- ein Kissen und/oder eine Kuscheldecke
- deinen Spiegel
- eine Tischlampe
- ein Lächeln
- ein Symbol für deinen Berufsstand
- positive Gedanken
- ein Teelicht (mit Duft?)
- ein Bild von dir

Wie stehst du zu deiner Arbeitslosigkeit? Genießt du sie? Freust du dich, dass du zu Hause bist, ausschlafen kannst und keinen Zeitdruck hast? Oder stehst du unter Druck, weil du unbedingt Geld verdienen musst? Vielleicht fühlst du dich auch minderwertig, wenn du keine Arbeit hast? Sieh dir deine Gefühle genau an! Was fühlst du? Notiere deine Gefühle!

Du bist arbeitslos. Welche positiven und negativen Gefühle hast du in dieser Situation?
negative Gefühle:
positive Gefühle:

Hast du Angst vor der Zukunft? Hast du noch Hoffnung, einen neuen Arbeitsplatz zu finden? Warum hast du deinen letzten Job verloren? Ist es möglich, dass es sich sogar zu deinem Vorteil herausstellen kann, dass du entlassen wurdest? Unter Umständen wartet etwas viel Besseres auf dich! Wo liegen deine Talente?
Was hast du bisher gemacht? Bist du vielleicht stark und verantwortungsbewusst genug, um dich selbstständig zu machen? Wenn du zum Beispiel anderen Arbeitgebern zutraust, Aufträge für ihre Firmen zu beschaffen, dann traue es dir doch auch zu! Es ist aber auch in Ordnung, wenn du dich für ein Angestelltenverhältnis entscheidest. Es muss sowohl Arbeitgeber wie auch Arbeitnehmer geben. Einer kann ohne den anderen nicht erfolgreich sein.
Überlege dir gut, was du gerne tun möchtest. Es gibt mit Sicherheit mehrere Bereiche, in denen du deine Talente einbringen kannst. Arbeitest du gerne in der Gruppe oder lieber allein? Möchtest du lieber im Büro oder zum Beispiel draußen arbeiten? Liegt dir mehr das Planen oder mehr das Handeln? Welche Ziele hast du dir gesetzt? Was willst du erreichen? Wie viel Geld willst du verdienen? Wie viel Zeit willst du für deine Arbeit aufbringen? Wie groß ist deine Bereitschaft, dich für eine oder sogar deine eigene Firma einzusetzen? Was willst du geben? Was willst du einsetzen?
In die nachfolgende Tabelle kannst du noch einmal alles eintragen, damit du dein Wissen über dich und deine Wünsche immer vor Augen hast und sie zielstrebig angehen kannst.

Beantworte die Fragen alle nach reiflicher Überlegung, damit du dir über dein Wollen wirklich klar bist.	
Möchte ich selbstständig arbeiten oder lieber angestellt sein?	
Was sind meine größten Talente?	
Arbeite ich lieber alleine oder in der Gruppe?	
Arbeite ich lieber im Büro oder draußen?	
Bevorzuge ich das planerische oder das praktische Arbeiten?	
Will ich dauerhaft und sicher beschäftigt sein oder raschen Erfolg haben?	
Wie viel Geld will ich verdienen?	

Wie viel Zeit will ich für die Arbeit aufbringen?	
Will ich nur in der näheren Umgebung arbeiten oder auch einen Ortswechsel in Kauf nehmen?	

Mit diesem Raster kannst du zum Beispiel auch Stellenbewerbungen lesen und klären, ob sie für dich geeignet sind.

Glaubst du an deinen Erfolg? Oder sitzt du zu Hause ohne Hoffnung und meinst, nach der hundertsten Bewerbung und deren Absage ist sowieso schon alles vorbei? Wie viel Energie (Glauben, dass es klappen wird) steckst du in eine Bewerbung? Ist es immer noch genauso viel Energie wie am Anfang?

Wenn du diese Frage verneinst, frage dich, warum du nicht bereit bist, alles zu geben. Warum gibst du auf?

Mit deinem inneren Aufgeben bei der Bewerbung beraubst du dich deiner notwendigen Energie. Dazu ein Beispiel, das es dir anschaulich macht:

Nimm eine Tischlampe und stecke den Stecker in eine Steckdose. Jetzt schalte den Schalter ein. Und siehe da, die Lampe brennt! Machst du den Schalter aus, ist die Lampe dunkel. In dieser Dunkelheit siehst du nichts mehr. Es kommt keine Energie mehr an.

Genauso sieht es aus, wenn du bei der Arbeitssuche resignierst! Wenn du keine Energie mehr hinein gibst, bleibt es ‚dunkel'. Also gib alles, was du geben kannst.

Nur so kommt Licht in deine neue Bewerbung. Nur so kannst du auch eine neue Arbeitsstelle finden. Schickst du eine Bewerbung ab, unternimm es mit vollem Herzen und wünsche dir (glaube auch daran!), sie möge angenommen werden! Schicke gedanklich ein Lächeln mit für alle Menschen, die diese Bewerbung in die Hand bekommen, selbst für den Postboten.

Bekommst du eine Absage, gehe davon aus, dass es nicht die richtige Stelle für dich war. Vielleicht wärst du dort sogar unglücklich geworden. Sieh die Absage als Schutz. Du wurdest vor etwas Unangenehmem bewahrt.

Erkundige dich beim Arbeitsamt nach Förderungen und Weiterbildungen. Auch die eigene Selbstständigkeit wird gefördert. Informiere dich über Kurse, die deine Talente stärken und verfeinern. Verschiedene Bildungswerke wie die Volkshochschulen bieten zahlreiche Kurse und Veranstaltungen an.

Sei auch bereit, in dich selbst und deine Zukunft zu investieren. Bezahle, wenn es sein muss, solche Kurse aus eigener Tasche. Komm nicht mit der Ausrede, du hättest kein Geld! Was würdest du in Bewegung setzen, wenn der Fernseher, die Stereoanlage oder das Auto kaputtgehen und die Reparatur einige hundert Euro kosten würde! Sind Fernseher, Auto oder auch Zigaretten und Alkohol wirklich wichtiger als du?

Halte dir täglich vor Augen, was du erreichen willst! Träume von den Wünschen (zum Beispiel Urlaub), die du dir erfüllen möchtest, wenn du mehr Geld durch deinen neuen Job verdienst.

Stelle auf ein kleines Tischchen oder die Fensterbank, deinen Schreibtisch oder an einen anderen dir wichtigen Ort ein Bild von dir als Symbol dafür, dass du an dich glaubst! Lege einen Gegenstand dazu, der deinen Beruf symbolisiert. Ein Beispiel wäre eine Schere für den Frisör, eine Kelle für den Maurer oder einen Kugelschreiber oder Füller für die Bürokraft.

Zünde ein Teelicht an, eventuell mit einem Duft, den du magst. Es soll deinen Wunsch nach dem richtigen Arbeitsplatz für dich erleuchten, damit er in Erfüllung geht.

Gewöhne dir an, positiv zu denken. Das Glas kann halb leer oder halb voll sein. Es liegt an dir, ob du aufsteigst oder dich fallen lässt! Du hast die freie Entscheidung! Entscheide dich für Fröhlichkeit, Liebe, Glück und Erfolg!

Wie werde ich beruflich erfolgreich?

- mindestens eine Stunde Zeit für dich
- eine oder mehrere Kerzen
- eventuell Räucherstäbchen
- Musik, die dein Herz berührt
- ein Kissen und/oder eine Kuscheldecke
- deinen Spiegel
- einen Stift
- ein Samenkorn
- ein Gefäß
- Blumenerde

Wie sieht es aus? Hast du das Grundrezept durchgeführt? Oder bist du der Meinung, du brauchst so etwas nicht? Schließlich willst du ja beruflich erfolgreich werden und keine Selbstbesinnungsübungen durchführen.

Sind das deine Gedanken? Dann hast du schon verloren! Wenn wir Fragen in unserem und an unser Leben haben, nach Lösungen suchen, damit es uns besser geht, bekommen wir von überall her Hinweise, die uns helfen, einen Weg zu finden. Und so hast du dieses Buch in die Hand bekommen, das eine Hilfe für dich sein soll. Willst du wirklich nur einen Teil der Hilfe annehmen? Warum, wenn du alle Hilfe bekommen kannst? Und welcher Teil ist der richtige Teil für dich? Ich bin mir sicher, dass das Grundrezept dir mehr hilft, als wenn du direkt in diesen Teil des Buches springst. Und so wie man gezielt seinen beruflichen Erfolg anstrebt, so muss man gezielt mit diesem Buch umgehen. Erst die Grundrezepte erarbeiten und dann in die Einzelfragen gehen.

Sich nur vorzunehmen, beruflich erfolgreich zu werden, reicht nicht aus. Du musst bereit sein, etwas dafür zu tun und zu lernen.

Was würdest du alles tun und lernen, um das Ziel des beruflichen Erfolgs zu erreichen? Hast du dir ein konkretes Ziel gesteckt? Wie realistisch ist dieses Ziel? Hast du außergewöhnliche Ideen, um dein Ziel zu erreichen? Traust du dir die Umsetzung dieser Ideen zu? Oder zweifelst du an dir?

„Fortschritt ist die Verwirklichung von Utopien!", sagte Oscar Wilde einmal. Ist es nicht bereits eine besondere

Gabe, überhaupt außergewöhnliche Ideen zu entwickeln? Wenn du die Kraft für die mögliche Umsetzung nicht hättest, würde eine solche Idee erst gar nicht von dir entwickelt werden. Also traue dich, deine außergewöhnlichen Ideen in Handlung umzusetzen.

Vielleicht willst du aber nichts Außergewöhnliches kreieren, sondern im ganz normalen Berufsleben in einem Team erfolgreich werden. Entscheidend für deinen Erfolg ist dabei, wie du dich in das Team einfügst. Wartest du stets die Vorschläge von anderen ab, nimmst immer eine abwartende Haltung ein? Dann darfst du dich nicht wundern, wenn andere dir vorschreiben, wie du zu arbeiten hast und wie erfolgreich du zu sein hast.

Wie sieht es mit deinem Selbstvertrauen aus? Was tust du, um es zu stärken? Was tust du für deine Weiterbildung? Glaubst du an dich selbst und deine Fähigkeiten? Wenn nicht, wie kannst du dann erwarten, dass andere an dich und deine Ideen glauben?

Selbstverständlich reicht es nicht, nur eine große Idee zu haben. Taten zählen immer mehr als Worte! Gibst du alles, während du arbeitest?

Arbeite mit Freude, dann ist die Arbeit niemals eine Qual. Und nur der, der mit ganzem Herzen arbeitet, bringt Höchstleistungen und wird erfolgreich sein.

Betrachte dich ganz genau. Analysiere dich, dein Verhalten, deine Einstellung zum Beruf. Denke positiv! Überlege, was du tun musst, um dein Ziel zu erreichen, denke nicht darüber nach, warum du es nicht erreichen könntest.

Es gibt viele Gründe, die dir den beruflichen Erfolg verwehren können. Zum Beispiel der mobbende Kollege, die nicht finanziert werdende Weiterbildung oder dein Mangel an Geld für eine Investition. Lass dich von all diesen Gründen nicht abhalten. Beginne einfach, dein Ziel zu verwirklichen, du wirst merken, dass dir auf einmal von allen Seiten Hilfe zufließt.

Also, ordne jetzt in Ruhe deine Ziele für deinen beruflichen Erfolg. Du solltest deine Ziele in verschiedene Kategorien einteilen. Formuliere zuerst das Fernziel deines beruflichen Erfolgs. Was willst du erreichen?

Das Fernziel meines beruflichen Erfolgs heißt:

Lies dir dein eigenes Ziel noch einmal vor. Bist du mit ganzem Herzen mit diesem Ziel verbunden?

Solltest du dir völlig sicher sein, dass dies dein Ziel ist, dann heißt es jetzt, die einzelnen Teilziele zu formulieren, die dich zu diesem großen Ziel führen.

Jedes dieser Teilziele verlangt natürlich auch Handlungen von dir. Schreibe die Aktivitäten, die du zum Erreichen dieser kleinen Ziele initiieren musst, jeweils mit auf.

1. Teilziel meines beruflichen Erfolgs:

Um dies zu erreichen, muss ich folgendes unternehmen:

2. Teilziel meines beruflichen Erfolgs:

Um dies zu erreichen, muss ich folgendes unternehmen:

3. Teilziel meines beruflichen Erfolgs:

Um dies zu erreichen, muss ich folgendes unternehmen:

Du kannst die Liste deiner Teilziele natürlich erweitern. Nun heißt es, sich die Teilziele noch einmal genau durchzulesen und dann Schritt für Schritt die verschiedenen Handlungsaktivitäten abzuarbeiten. Immer dann, wenn du eine der Aktivitäten erledigt hast, gönne dir etwas Gutes. Mache dir ein kleines Geschenk oder einen kleinen Ausflug in die Natur.

Sollten einzelne Schritte nicht gleich gelingen, so verzweifle nicht. Du siehst selber, dass du eine Vielzahl von zielgerichteten Aktivitäten notiert hast. Sollte ein Schritt nicht gleich funktionieren, macht das gar nichts, denn es gibt ja noch genügend andere Aufgaben, die du zu erledigen hast.

Wenn du dich irgendwo bewerben musst, um an dein Ziel zu kommen, sieh dir die Firma genau an und hole Erkundigungen über sie ein. Zum Beispiel wie das Arbeitsklima und die Bezahlung dort sind. Auch du darfst Ansprüche stellen.

Stelle dir die neue Firma als Geschäftspartner vor, dem du deine Arbeitskraft, das Einzige, das du hast, verkaufen willst. Dieses kostbare Gut, das du besitzt, verschenke nicht einfach voreilig. Sei dir selbst viel wert.

Falls es nötig ist, besuche Seminare, um dein Selbstbewusstsein zu stärken, positives Denken zu lernen und deinen eigenen Wert zu erkennen.

Schreibe oder male deine Wünsche auf, die du dir mit dem erarbeiteten Geld erfüllen willst. Glaube an dich selbst!

Schaue jeden Tag in den Spiegel und sage dir: „Ich schaffe das!"

Suche Menschen, die dich in deinem Vorhaben unterstützen, denen du vertrauen kannst und die dir Anregungen geben können.

Bringe deine Ausstrahlung in eine positive Schwingung. Freue dich am Leben, singe, tanze und lache. Fröhliche Menschen werden lieber gesehen als solche, die nur herumjammern. Jeder muss merken: Du bist im Aufbruch, du willst deine Ziele erreichen.

Halte Augen und Ohren offen und achte auf Hinweise, die dir nützlich sein können.

Wenn du magst, zünde eine Kerze an und übergib der Flamme symbolisch alle negativen Einstellungen, auch die unbewussten, die dich an der Erfüllung des beruflichen Erfolgs hindern könnten.

Nimm ein Samenkorn und pflanze es als Sinnbild für deinen keimenden beruflichen Erfolg in ein Gefäß mit Blumenerde. Hege und pflege dieses Samenkorn, damit es wachsen kann. Genauso hege und pflege jeden Schritt deines beruflichen Erfolgs. Der Anblick der kleinen Pflanze, die aus dem Samenkorn sprießt, und ihr ständiges Wachstum werden dich daran erinnern, wie dein beruflicher Erfolg wächst.

Mir wachsen die Schulden über den Kopf!

- mindestens eine Stunde Zeit für dich
- eine oder mehrere Kerzen
- eventuell Räucherstäbchen
- Musik, die dein Herz berührt
- ein Kissen und/oder eine Kuscheldecke
- deinen Spiegel
- einen Glücksklee/Glückskäfer
- einige Geldmünzen
- ein Blatt Papier
- bunte Stifte

Was ist dir in den letzten Tagen der Selbstbetrachtung an dir aufgefallen? Konntest du dir selbst ins Gesicht sehen? Oder schweifte dein Blick immer wieder ab? Was für ein Gefühl ist es, dir selbst in die Augen zu sehen? Sind deine Augen ehrliche Augen und haben sie einen ehrlichen Blick? Bist du dir und anderen gegenüber ehrlich?

Du willst endlich eine finanzielle Absicherung. Wir haben jederzeit die freie Wahl und können uns entscheiden: für die finanzielle Absicherung oder für den finanziellen Ruin.

Wenn du als dein Ziel die finanzielle Absicherung wählst, frage dich, wie ehrlich du dieses Ziel angehst. Bist du bereit, alles dafür zu geben?

Stimme nicht einfach spontan zu, sondern denke eine Weile darüber nach. Bist du wirklich bereit, alles zu geben? Bist du bereit zu sparen?

Jetzt könnte der Einwand kommen: „Wo und was soll ich denn noch sparen? Es ist alles so teuer geworden, dass ich nirgendwo etwas einsparen kann."

Gibst du wirklich nur Geld für Sachen aus, die du unbedingt benötigst? Gibst du nicht auch viele Euros für Konsumartikel aus, die nicht lebensnotwendig sind wie Zigaretten, alkoholische Getränke, Süßigkeiten und Knabbereien, Modeklamotten, Unterhaltungszeitschriften, Imbissbesuche und und und? Muss drei Mal in der Woche Fleisch auf den Tisch? Wirfst du Essensreste fort?

Alles, was wir wirklich für unser Leben brauchen, kommt zu uns. Es ist nur nicht immer das, was wir meinen, für unseren Lebensunterhalt haben zu müssen.

Wenn es dir finanziell schlecht geht, hast du dich auch dafür entschieden. Wie gesagt, du hast die freie Wahl. Indem du dich ständig beklagst und jammerst, wie schlecht es dir geht, nährst du deine Armut zusätzlich mit deiner Energie. Das heißt, sie wird durch diese Energie immer größer! Willst du das?

Was empfindest du bei dem Gedanken an Armut? Angst, Minderwertigkeit oder sogar schon Gleichgültigkeit? „Ist sowieso alles egal. Es ist halt so."

Hast du (dich) schon aufgegeben? Dann darfst du dich nicht wundern, wenn es dir finanziell, aber auch seelisch, schlecht geht.

Bewertest du dich selbst? Und wenn ja, nach welchen Kriterien? Warum willst du so sein, wie dein Umfeld dich haben will? Du bist du!

Kann man einen Menschen wirklich nach dem bewerten, was er vorzeigen kann? Wie viel musst du vorzeigen können, um ‚angesehen' zu sein? Wer bestimmt den Maßstab?

Setze den Maßstab selbst. Schau nach innen, nach deiner Einstellung. Die entscheidende Frage ist: Was kannst du bei dir ändern?

Zuerst erkenne dich selbst so an, wie du bist. Wenn du meinst, vergleichen zu müssen, so stelle verschiedene Personen, auch wohlhabende, gedanklich in einer Reihe oder in einem Kreis auf. Dich selbst stelle auch dazu. Sieh dir nun die Menschen der Reihe nach an, schaue auf ihre Persönlichkeiten, nicht das, was sie besitzen. Wenn es sein muss, stelle sie dir ruhig nackt vor, ohne diese Nacktheit zu bewerten.

Wenn du die Menschen so siehst, was bleibt dann an Achtung und Respekt bei ihnen, aber auch bei dir bestehen?

Erkenne, dass du auch ohne Geld ein wertvoller Mensch bist. Versuche, dir das so oft wie möglich klar zu machen. Es ist eine der Grundvoraussetzungen, um finanziell unabhängig zu werden. Du verstehst dann, dass du alles erreichen kannst, was du willst. Du lernst dann loszulassen von einem festgelegten Bild von dir. Du musst dann nicht mehr kämpfen gegen deine finanzielle Abhängigkeit, du kannst dich einsetzen für dein Ziel, finanziell unabhängig zu sein.

Mit unseren Gedanken formen wir unser Leben. Nichts nimmt jemals eine physikalische Gestalt an, was nicht zuerst ein Gedanke war. Das halte dir immer vor Augen. So, wie du denkst, kommt alles auf dich zu. Denkst du arm, kommt finanzieller Ruin, denkst du reich, kommt die finanzielle Unabhängigkeit.

Wie denkst du über Reichtum? Glaubst du, er steht dir zu? Und wenn ja, könntest du ihn annehmen, wenn er da wäre? Wie ist dein Empfinden, wenn du Geld für deine Leistung/Arbeit empfängst? Nimmst du es ohne zu zögern mit gutem Gewissen? Oder glaubst du, es ist zu viel? Vielleicht denkst du auch, der arme Mensch hat selbst kein Geld und nun muss er mir auch noch sein weniges geben. Ob du doch lieber weniger nimmst, damit es dem anderen besser geht?

Aber bedenke, jeder, absolut jeder Mensch hat die freie Wahl, sich zu entscheiden, auch die nicht vermögende Person. Wenn du mitleidig denkst, wird der freie Energiefluss unterbrochen. Du bekommst nicht deinen gerechten Lohn und erwartest deshalb unter Umständen, dass andere auf ihren gerechten Lohn verzichten. Bekommst du jedoch kein Geld, kannst du anderen kein Geld für ihre Leistung geben.

Und gib nicht anderen die Schuld an deiner finanziellen Misere mit Sätzen wie: „Wenn mein Chef mir nicht mehr zahlt ..."

Du kannst dich zu jeder Zeit entscheiden. Wenn es sein muss dadurch, einen Job zu suchen, wo du gerecht bezahlt wirst. Bekommst du Geld, kannst du mit Geld andere für ihre Leistung bezahlen. Die wiederum können ihr Geld auch wieder ausgeben. So wird der Energiekreislauf des Geldes in Gang gesetzt.

Also setze dich hin, überlege und schreibe auf, was du alles ändern kannst: Deine Einstellung, deinen Gedankenfluss (sieh das Positive in dieser Welt!), deinen Job, deinen Lebensstil.

Wo kannst du sparen? Was brauchst du wirklich?

Doch gehen wir der Reihe nach vor und ordnen unsere Gedanken. Schreibe zuerst einmal auf, wie zufrieden oder unzufrieden du mit deiner finanziellen Situation bist.

> Wie zufrieden bin ich mit meiner augenblicklichen finanziellen Situation?
>
>

> Welches realistische finanzielle Ziel strebe ich in absehbarer Zeit an?
>
>

Es ist natürlich nicht damit getan, einfach ein Ziel anzustreben. Dazu muss man Schritt für Schritt bewältigen.

> Welche Schritte will ich unternehmen, um mein finanzielles Ziel zu erreichen? – Schreibe sehr konkrete Schritte auf, die du auch einhalten kannst!
>
>

Du musst eine positive Grundlage schaffen, damit alles im wahrsten Sinne des Wortes wieder ins Rollen kommen kann! Erwarte nicht zu viel auf einmal. Sei geduldig und lerne. Hinterfrage immer wieder die Situationen. Was hättest du noch besser oder anders machen können?

Um finanziell sichergestellt zu sein, muss man auch sparen können. Überlege einmal ganz genau, was du jeden Tag ausgibst. Ist nicht eine Menge an Sachen dabei, die du mit einigem Willen einsparen kannst? Schreibe die Einsparmöglichkeiten auf und prüfe jeden Tag, ob du dich tatsächlich an deine Liste gehalten hast.

Um einzusparen, will ich für folgende Sachen oder Handlungen demnächst kein Geld oder weniger Geld ausgeben:

1.

2.

3.

4.

5.

Diese Liste gibt natürlich nur Sinn, wenn du sie dir auch regelmäßig durchliest und dich immer wieder daran erinnerst, was du dir vorgenommen hast.

Sei aber auch dankbar für alles, was du schon hast. Es könnte noch weniger sein. Du könntest krank sein oder durch allerlei Widrigkeiten als Obdachloser auf der Straße leben müssen. Überlege, wie gut es dir eigentlich trotz allem geht!

Hier ein Vorschlag, wie du jeden Tag selber in einer kleinen Zeremonie überprüfen kannst, ob du deine Vorsätze auch eingehalten hast und zugleich deinen Mut stärkst, dein angestrebtes finanzielles Ziel zu erreichen. Baue dir einen kleine ‚Mutecke' mit einer Kerze drauf. Lege einige Münzen und einen Glücksklee oder Glückskäfer dorthin. Vielleicht hast du Lust, eine Sonne oder einen Smiley zu malen und deine ‚Mutecke' damit auszugestalten.

Gehe jeden Tag in deine Mutecke und zünde die Kerze an und lies noch einmal deine aufgeschriebenen Wünsche, Ziele und Teilschritte durch. Beobachte deine Entwicklung ganz genau und nimm auch den kleinsten Erfolg wahr. Geht es nicht immer leichter, auf bestimmte Konsumgewohnheiten zu verzichten? Gehst du nicht immer mutiger die kleinen Schritte an, um dein Ziel zu erreichen?

Und wenn du einige Ziele nicht im ersten Anlauf erreicht hast, dann versuche es wieder. Morgen gelingt dir dein Vorhaben sicherlich.

Solltest du wirklich nicht alleine aus deiner Situation herauskommen, dann scheue dich nicht, professionelle Hilfe in Anspruch zu nehmen. Es gibt in jeder Gemeinde und jeder Stadt Schuldnerberatungsstellen. Sie in Anspruch zu nehmen, ist keine Schande. Im Gegenteil, vielleicht ist es ein wichtiger kleiner Teilschritt auf deinem Weg. Es zeigt deine Stärke, wenn du diesen Schritt gehst.

Ständiger Termindruck – Was ist Zeit?

- mindestens eine Stunde Zeit für dich
- eine oder mehrere Kerzen
- eventuell Räucherstäbchen
- Musik, die dein Herz berührt
- ein Kissen und/oder eine Kuscheldecke
- deinen Spiegel
- einen Terminplaner
- einen Wecker/Uhr
- Zeit
- Glückskäfer/Glücksklee

Wie viel Zeit hast du dir bisher für dich genommen? Hast du das Grundrezept genutzt, um dich selbst, deine Gefühle und deine Gedanken kennen zu lernen? Oder warst du zu gestresst, weil die Zeit drängte? Wartete der/die Freund/in auf dich? Hattest du einen Arzttermin? Oder musstest du zu einem wichtigen Bankgespräch? Danach war dann vielleicht noch ein Frisörtermin, die Kinder mussten auch noch zu ihren Verabredungen gebracht werden und pünktlich muss das Essen auf dem Tisch stehen oder der Rasen muss gemäht werden. Eventuell steht als Selbstständiger noch ein Geschäftsessen oder Kundentermin an. Und abends willst du noch zum Sport, ins Theater oder Kino oder Freunde treffen? Kommt dir das bekannt vor?

Vielleicht sagst du jetzt: „Genau so läuft es bei mir ab!" Und viele andere Termine, Besuche oder Arbeiten fallen noch dazu an.

Aber was fühlst du wirklich?

Sicherlich verspürst du bei diesen Sätzen schon den Druck, die Hetze und die Unruhe in dir. Jeden Moment drohst du schon wieder aufzuspringen, weil irgendetwas erledigt werden muss. Eigentlich hast du gar keine Zeit, hier zu sitzen, da du sonst nicht alles schaffst.

Es scheint Vergeudung zu sein, wenn du jetzt alleine mit dir die Zeit verbringst. Alles andere ist viel wichtiger und alles muss seine Ordnung haben.

Ist es wirklich so?

Nur wenn in dir Ordnung ist, besteht auch in deinem Außen Ordnung! Bist du innerlich gehetzt, bist du es auch in deinem äußeren Leben.

Hier ist der Punkt, an dem du ansetzen musst! Denke einmal darüber nach, was Zeit ist. Lässt sich Zeit genau definieren?

Wir lesen an der Uhr zwar die Sekunden, Minuten und Stunden ab und wissen, dass der Tag 24 Stunden hat. Doch wer bestimmt, dass der Tag 24 und nicht nur 12 oder gar 48 Stunden hat? Wer bestimmt, dass die Stunde 60 Minuten hat und nicht nur 30 Minuten? Zeit ist erst einmal nichts anderes als eine gesetzte Einteilung der Zeit, die nicht ein Teil von uns ist.

Empfinden wir Zeit nicht sehr unterschiedlich? Erleben wir etwas Schönes, vergeht die Zeit viel zu schnell, in negativen Situationen vergeht die Zeit hingegen schleppend. Zeit ist also zwar objektiv messbar, wird von uns aber immer subjektiv erlebt.

Die Menschen benutzen die Zeit, um sich in ihrem Verhalten untereinander verlässlich und organisierbar zu machen. Bis zu einem gewissen Termin muss zum Beispiel die Arbeit fertig sein oder die Rechnung bezahlt werden, mit einer wichtigen Person soll um eine bestimmte Zeit ein Gespräch geführt werden. Hältst du die Zeit nicht ein, wird die andere Person in der Regel ärgerlich, beschwert sich oder will nichts mehr mit dir zu tun haben.

Kann die andere Person mit ihrem Verhalten bewirken, dass du deinen Termin (gleich welcher Art) pünktlich einhältst? Nein, selbst wenn du dich im Regelfall bemühst, die Zeit genau einzuhalten, ist es dir manchmal einfach nicht möglich, denn eine andere Sache dauert länger als geplant.

Ich will hier keinesfalls der Unpünktlichkeit und Unzuverlässigkeit das Wort reden. Natürlich ist Zeit wichtig, um ein geregeltes Leben zu führen und um planen zu können. Doch Zeit, die ja eine freiwillige Vereinbarung von uns ist, darf uns niemals beherrschen.

Erlebst du etwas Schönes, zum Beispiel mit einem/r Freund/in zusammen zu sitzen oder gar mit dem Partner, erweitere, wenn möglich, diese Zeit und genieße sie. Gerade solche schönen Momente geben dir Kraft!

Schaue dir deine Termine einmal genau an und versuche, den Druck zu entfernen. Du kannst statt einer Stunde zwei Stunden zwischen zwei Termine legen. Dann kannst du dich in Ruhe auf den nächsten Termin vorbereiten.

Packe nicht zu viel in deinen Tag. Mache dir für jeden Tag einen Plan, was du alles erledigen willst. Bis zum Mittag kannst du schon einschätzen, ob du an diesem Tag alles ohne Zeitdruck schaffst. Wird es zu eng, überlege dir, was du für den heutigen Tag streichen und auch noch morgen oder übermorgen erledigen kannst.

Plane jeden Tag eine Stunde Zeit ganz allein für dich ein, eine Stunde, in der du dich selbst verwöhnst. Dann tue nur das, was gut für dich ist und dir Kraft und Lebensfreude gibt. Gehe in der Natur spazieren, ziehe dich zurück und meditiere oder tanze, laufe, dusche oder singe. Was du tust ist nicht so bedeutend, wichtig ist, dass es dir gut tut.

Zünde die Kerze an, lege deine Musik in den CD-Spieler ein und entspanne dich. Wenn du jetzt einmal in deinen Spiegel schaust, wirst du bemerken, dass dein Gesicht dich ganz anders anstrahlt. Es dankt dir für die Zeit, die du dir geschenkt hast.

Du schaust schon wieder auf die Uhr! Du musst lernen, dich von der Abhängigkeit der äußeren Zeit zu befreien. Höre doch auf deinen inneren Wecker, der dir sagt, ob du dir jetzt genügend Zeit gegeben hast.

Denke doch einmal daran, dass wir auch von Sommerzeit auf Winterzeit einfach die Uhr umstellen! Auch hier wird die Zeit manipuliert! Merkst du, wie unwichtig Zeit eigentlich ist und uns am Genießen hindert?

Nimm dir Zeit, es ist so viel davon vorhanden.

„Ich nehme mir jetzt Zeit zum Lachen, mit Menschen zusammen zu sein, meine Arbeit mit Freude zu machen, das Leben ganz bewusst zu leben!" So sollte deine Einstellung sein! Lasse es nicht zu, dass andere dich unter Zeitdruck setzen. Ziehe klare Grenzen und sage, wenn dir danach ist: „Jetzt nicht!" Doch sage es mit einem Lächeln.

Warte nicht, bis die ‚Zeitbombe' zu ticken beginnt und dich zermalmt mit Kraftlosigkeit oder sogar Krankheit, damit du auf diesem Wege zur Ruhe kommst.

Ein gutes Beispiel für unsere Hektik im Alltagsleben ist das Halten beziehungsweise Warten an einer Kreuzung. Angeblich hat man keine Zeit zu warten bis der andere Autofahrer vorbeigefahren ist und huscht deswegen noch rasch über die Kreuzung, obwohl es vielleicht maximal eine Minute Zeitersparnis ist. Passiert dann ein Unfall, hat man plötzlich Zeit! Also, warum sich nicht die Zeit nehmen, bevor etwas passiert?

Nutze die Zeit, um Schönes zu erleben. Auch wenn du selbst mal auf etwas oder jemanden warten musst, werde nicht ungeduldig. Nutze die Zeit, um in Ruhe einen Tee oder Kaffee zu trinken, mit anderen Menschen ins Gespräch zu kommen, den Tag für dich Revue passieren zu lassen, das anstehende Gespräch in Ruhe vorzubereiten oder einfach die Seele baumeln zu lassen. Durch Ungeduld kommt der Erwartete nicht schneller! Trage einen Glückskäfer oder einen Glücksklee bei dir, der dir immer wieder deutlich macht, welch ein Glück du hast, dass die Zeit dich nicht einengen kann.

Andere sind auf einmal neidisch auf dich!

- mindestens eine Stunde Zeit für dich
- eine oder mehrere Kerzen
- eventuell Räucherstäbchen
- Musik, die dein Herz berührt
- ein Kissen und/oder eine Kuscheldecke
- deinen Spiegel
- ein Sonnensymbol
- einen Glückskäfer oder Glücksklee
- ein oder zwei rote Herzen
- eine Münze
- eine Engelfigur

Ist dir in den letzten Tagen schon einiges klar geworden, was sich in deinem Leben geändert hat zu früher? Wie ist es dir vorher ergangen? Hattest du Stress in der Partnerschaft? Hast du dich sogar von deinem Partner getrennt? Warst du arbeitslos und hast dich abgemüht, um einen neuen Job zu finden? Du hattest sehr wenig Geld und musstest jeden Cent dreimal umdrehen? Das Auto ging kaputt, der Fernseher und zusätzlich noch die Waschmaschine? Ständig musstest du kämpfen? Und waren da die guten Freunde/Freundinnen, die dich unterstützt und dir geholfen haben?

Fast jeden Tag waren sie bei dir, weil es ihnen ähnlich erging und sie dich so gut verstehen konnten. Sie haben dir die Daumen gedrückt, dir Mut gemacht und sich mit dir über jeden noch so kleinen Erfolg gefreut. Sie haben für dich in der Zeitung oder im Internet nach einem Job gesucht. Sie wollten dich verkuppeln und gönnten dir auch jede Affäre. Ihr habt euch super verstanden.

Doch plötzlich, mit deinem zunehmenden Erfolg und der Neuorganisation deines Lebens, ist Schluss damit. Du hörst plötzlich schnippische Sprüche von ihnen oder sie spielen mit einem Mal ‚beleidigte Leberwurst', weil du nicht mehr so viel Zeit für sie hast oder weil du die Zeit lieber mit deinem neuen Partner verbringst. Vielleicht steckst du auch mehr Zeit in eine neue Idee, mit der du Geld verdienen willst, oder verbringst mehr Zeit auf deiner neuen Arbeitsstelle. Sie sagen zu dir nicht einmal direkt etwas, sondern nur andeutungsweise. Sie bemühen sich, verständnisvoll zu sein, denn die ganzen Wochen, Monate oder sogar Jahre haben sie darauf hingearbeitet, dass es dir wieder besser geht. Doch jetzt, da es dir gut oder sogar sehr gut geht, werden sie neidisch. Eigentlich müssten sie sich freuen, dass es dir jetzt besser geht, müssen sie sich doch keine Sorgen mehr um dich machen.

Vielleicht liegt aber genau hier das Problem.

Sie werden nicht mehr gebraucht, weil du dein Leben selbst in den Griff bekommen hast. Wahrscheinlich hörst du auch nicht mehr auf jeden ihrer Ratschläge, weil du inzwischen für dich selbst viel erkennen und entscheiden kannst.

Das macht dich für die anderen unbrauchbar. Sie können ihr ‚Helfersyndrom' nicht mehr an dir ausleben. Sie brauchten deine Dankbarkeit, um sich selbst zu stärken. Daraus schöpften sie Kraft, um mit ihrer eigenen Situation klarzukommen.

Vielleicht sieht bei einigen von ihnen die Problemlage nicht anders aus, als sie bei dir einmal ausgesehen hat. Sie merken, dass sie dir Kraft gegeben haben, die du zur Lösung deiner Probleme genutzt hast, während sie selber in ihrer Problemlage stecken geblieben sind.

Mache dir selbst daraus keinen Vorwurf. Sie haben dir diese Hilfe und Kraft aus freien Stücken gegeben anstatt sie in die Lösung ihrer eigenen Probleme zu stecken.

Sie selber sind in ihrem Trott geblieben und wollen unbewusst wahrscheinlich darin auch verbleiben, sonst hätten sie die Kraft, die sie dir gegeben haben, zur Lösung ihrer eigenen Probleme benutzt. Du selber weißt es am allerbesten, wie schwierig es ist, eigene Probleme anzugehen.

Es kann und darf jedenfalls nicht sein, dass du dich aus Dankbarkeit für ihr Verhalten oder wegen der Aufrechterhaltung der Freundschaften wieder in deinen alten Trott hineinziehen lässt. Neid muss man sich erarbeiten, heißt es so schön in einem alten Sprichwort. Also, sei stolz auf dich und deine Leistung! Du musst schon sehr viel erreicht haben, sonst wären deine alten Freunde nicht neidisch auf dich.

Sind diese Freundschaften, in denen der Neid Platz gefunden hat, wirklich noch erstrebenswert für dich? Möchtest du, dass deine angeblichen Freunde deine/n tolle Partner/in auch für sich ganz toll finden? Oder willst du bei jeder passenden oder unpassenden Gelegenheit hören, dass du nur mit ihrer Hilfe so weit gekommen bist?

Brauchst du solche Freunde wirklich?

Ziehe Grenzen! Sofort! Das hat nichts mit Undankbarkeit zu tun, man kann nur wirklich geben, wenn man nichts erwartet, sagt eine alte Weisheit, dann wird man auch nicht enttäuscht. Das haben deine ‚Freunde' vergessen. Freue dich, anstatt dich über ihr Verhalten zu ärgern, lieber über all das, was du erreicht hast. Du hast deine ganze Kraft dafür eingesetzt! Lasse dich nicht beirren. Gehe deinen Weg weiter und genieße dein Leben in vollen Zügen.

Lerne neue Menschen kennen, die dich fördern und in deiner Entwicklung stärken. Sei dankbar für alles, was du erreicht hast. Sei auch dankbar für die Lehren, die du aus den ehemaligen Freundschaften ziehen durftest. Verliere nie deinen eigenen Weg aus den Augen, auch

wenn du anderen hilfst! Feiere jeden Tag das Leben und die Lebensfreude.
Zeichne und stelle dir Symbole auf, die dich immer wieder daran erinnern, wie schön das Leben ist: eine Sonne, die dein Leben erhellt und wärmt, ein Glücksklee oder einen Glückskäfer für dein Glück, ein rotes Herz oder zwei für deine Liebe und Partnerschaft, eine Münze für finanziellen und beruflichen Erfolg, eine Engelfigur, die all dies beschützt.
Lasse dich durch nichts aus dem Gleichgewicht bringen! Nur du entscheidest, was für dich richtig ist, so wie jeder andere für sich entscheiden sollte. Wir haben die freie Wahl, in welche Richtung wir gehen wollen!

Nachbarschaftsstreit

- mindestens eine Stunde Zeit für dich
- eine oder mehrere Kerzen
- eventuell Räucherstäbchen
- Musik, die dein Herz berührt
- ein Kissen und/oder eine Kuscheldecke
- deinen Spiegel
- einen Stuhl
- ein Kissen
- Papiertaschentücher
- Schaschlikspieße

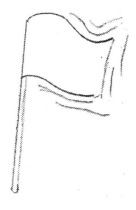

Hast du während der Tage mit dem Grundrezept deinen eigenen Groll gespürt? Hast du diese Wut oder Unzufriedenheit mit Personen in Verbindung gebracht? Wer war schuldig an dieser Wut? Der Nachbar, seine Frau, seine Kinder, auch die Haustiere? Wer hatte die meiste Schuld?

Bleibt natürlich noch eine ganz andere Frage: Hast du an den Tagen, an denen du dich mit dem Grundrezept auseinandergesetzt hast, auch eine Rolle gespielt? Oder warst sogar nur du wichtig?

Wenn es so wäre, hätte das eine große Bedeutung, um die Situation zu entschärfen, denn alle Wut und Unzufriedenheit hätte nur mit dir zu tun. Das gilt natürlich auch im Falle eines Nachbarschaftsstreites.

Überlege einfach einmal ganz genau, wie dieser Streit abläuft und was dich so wütend an dieser Auseinadersetzung macht.

Worum geht es inhaltlich bei diesem Streit? Bringe es ganz genau auf den Punkt und schreibe es dir auf.

Der eigentliche Inhalt unseres Nachbarschaftsstreits ist:

Schon mehrfach haben wir festgestellt, dass es ganz wichtig ist, sich bei einem Streit in die Rolle des anderen zu versetzen. Versuche dies jetzt. Was meint dein Nachbar zum Thema dieses Streits und was glaubst du, warum er so denkt?

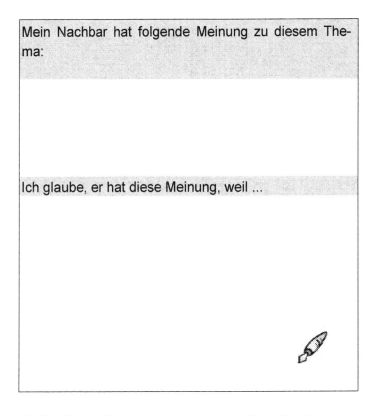

Mein Nachbar hat folgende Meinung zu diesem Thema:

Ich glaube, er hat diese Meinung, weil ...

Vielleicht ist dir jetzt in einem ersten Schritt schon einiges deutlicher geworden, hast du erstmals versucht, die Hintergründe dieses Streits zu verstehen. Zu einem Streit gehören aber mindestens zwei Personen, also auch du. Schreibe auch deine Meinung zum Inhalt dieses Streits auf. Und in einem zweiten Schritt versuche bei dir zu ergründen, warum dich die unterschiedliche Meinung deines Nachbars so verletzt.

Ich habe folgende Meinung zum Thema dieses Streits:

Der Streit mit meinem Nachbarn verletzt mich/macht mich ärgerlich, weil ...

Vergleiche jetzt noch einmal die beiden Aussagen zum Streit. Geht es wirklich um Inhalte?
In Wirklichkeit geht es vielmehr um Machtspiele. Jeder hat Angst nachzugeben, das könnte ja als Schwäche ausgelegt werden! „Doch dem/der werde ich es schon zeigen! So nicht! Nicht mit mir!"
Natürlich darf und sollte man nicht alles zulassen und muss Grenzen aufzeigen. Wir sollten uns jedoch immer wieder bewusst machen, dass wir unsere Sprache bekommen haben, damit wir uns mitteilen können. Nur so kann der andere Mensch erfahren, wie ich denke und fühle.
Wie sieht es mit dir aus? Kannst du deinem/r Nachbarn/in offen sagen, was du denkst und fühlst?
Kannst du sagen, dass hinter dieser Wut eigentlich auch Hilflosigkeit oder sogar Traurigkeit steckt?
Vielleicht mochtest du ihn/sie vor dem Streit doch ganz gut leiden. Fühlst du dich schwach, wenn du so etwas zugibst?
Die stärkste Kraft, die wir besitzen, ist die Kraft der Liebe, auch die der Nächstenliebe. Lies noch einmal, was du geschrieben hast, wieso der/die Nachbar/in so reagiert. Hat er/sie aus seiner/ihrer Sicht nicht auch ein klein wenig recht? Kannst du auch die Sicht aus seinem/ihrem Blickwinkel verstehen? Ist er/sie wirklich ‚verrückt', wie du immer gedacht hast?
Vielleicht eine Übung, die dir das Verstehen erleichtert. Nimm dir einen Stuhl und stelle ihn vor dich hin. Jetzt schaue dir den Raum aus dieser Position an. Nun stelle den Stuhl ein Stückchen weiter nach links oder nach

rechts. Das ist einerlei. Nun ist der Stuhl ‚verrückt'. Stellst du dich jetzt hinter den verrückten Stuhl, siehst du den Raum aus einem völlig anderen Blickwinkel.

Jetzt kannst du dir vielleicht einfacher vorstellen, dass dein/e Nachbar/in einfach eine andere Sichtweise auf das Problem hat. Und du musst, willst du den Streit aufheben, einfach nur versuchen, ihre Sichtweise zu verstehen. Du musst diese Sichtweise ja nicht gutheißen, nur verstehen, dass andere Menschen auch anders denken können als du.

So fällt es dir vielleicht leichter, eine friedliche Lösung zu finden.

Stecke nicht zu viel Energie in einen Streit. Selbst wenn dein/e Nachbar/in schreit und pöbelt, erkenne die Hilflosigkeit dahinter. Er/sie hat Angst, nicht mit seiner/ihrer Meinung durchzukommen, deshalb muss er/sie ja schreien, anstatt in normalem Ton mit dir zu reden. Gehst du gar nicht auf diesen Ton ein und versuchst, ruhig zu bleiben und erst mal für dich allein über diesen Wortwechsel nachzudenken, entziehst du der Situation die negative Energie.

Bist du dennoch wütend, lasse deine Wut an einem ungestörten Ort heraus. Gehe in deinen Raum, lasse keine anderen Personen unter deiner Wut leiden. Nimm ein Kissen und schlage darauf ein, wenn du magst. Oder schreie deine Wut in freier Natur einfach aus dir heraus. Lege dir an einigen Stellen, an denen du täglich oft vorbeigehst, symbolisch ein paar Bohnen hin, die dich dazu auffordern zu denken, dass du den Anfeindungen gar nicht ausgesetzt bist, denn du hast Bohnen in den Ohren.

Mache dir klar, dass du nur wütend bist, weil der/die Nachbar/in mit dieser Provokation die Möglichkeit hat, dich zu reizen und so mit dir umzugehen.

Wenn du ruhiger geworden bist, versuch immer wieder, in Ruhe ein Gespräch zu beginnen. Merkst du, dass es wieder eskalieren wird (auch in deinem Gefühl), beende das Gespräch sofort mit dem Hinweis, dass du jetzt nicht weitersprichst, um nicht zu streiten.

Sage dem/der Nachbarn/in immer wieder, dass du keinen Streit willst! Er/sie muss wissen, wie du denkst und fühlst. Zeige ihm/ihr deine friedlichen Absichten, indem du ihm/ihr vielleicht einige farbenfrohe Blumen oder Süßigkeiten als Nervennahrung schenkst. Lasse dich nicht mehr auf unnötige Diskussionen ein.

Ziehe dich an deinen Ruheort zurück und denke über alles nach. Zünde eine Kerze für euren Frieden an. Überlege dir, wie du dem/der Nachbarn/in eine Freude machen kannst. Stelle aber nicht die Erwartung an ihn, dass du etwas zurückbekommst oder er/sie sich freut, denn dann wirst du womöglich enttäuscht.

Alles, was du gibst, gib grundsätzlich freiwillig, ohne zweckbestimmte Absichten. Richte deine ganzen Gedanken auf eine friedliche Lösung aus. Bastle dir mehrere ‚Friedensfahnen' aus einem Papiertaschentuch und einem Schaschlikspieß und stelle sie überall als Friedensbotschafter im Haus und auf dem Grundstück auf. Vielleicht möchtest du sie ja auch bunt anmalen! Verbreite Lachen und Fröhlichkeit. Habe Geduld. Mit jedem

Tag, an dem du dich auf Frieden ausrichtest, kommst du dem Tag näher, wo ihr euren Streit zum Wohle aller Beteiligten beendet!

Eifersucht

- mindestens eine Stunde Zeit für dich
- eine oder mehrere Kerzen
- eventuell Räucherstäbchen
- Musik, die dein Herz berührt
- ein Kissen und/oder eine Kuscheldecke
- deinen Spiegel
- ein Entspannungsbad, Massage oder ähnliches
- rote Rosen
- Tanzmusik

Es ist immer schwierig, wenn man eifersüchtig ist. Hast du gleichwohl das Grundrezept ausgeführt?
Konntest du dich mit dir auseinandersetzen? Konntest du die Gedanken an die Person, die du liebst, derentwegen du eifersüchtig bist, ausschalten, zumindest in der Zeit, in der du dir wichtig sein solltest? Oder drängten sich die Gedanken an die Person immer wieder dazwischen? Was sie jetzt wohl macht, während du meditieren sollst?
Vielleicht dachtest du auch, dass es aberwitzig von dir war, hier zu sitzen und über dich nachzudenken, während es vielleicht viel besser wäre, sich mit der Person zu treffen. Womöglich würde dich die Person auch noch vergessen, weil du im Moment keine Zeit für sie aufbringst. Sie würde sich bestimmt dem oder der anderen zuwenden, sich womöglich noch in ihn/sie verlieben, während du dich mit dir selbst beschäftigen sollst.
Du willst zwar etwas gegen deine Eifersucht tun, aber auf keinen Fall die geliebte Person verlieren.
Dazu musst du dir im Grundsatz schon einmal aneignen: Alles, was wirklich zu dir gehört und gut für dich ist, wirst du niemals aufgeben müssen. Auch wenn du diesen Satz vielleicht im Moment noch nicht glauben kannst, so tröstet er dich zumindest und beruhigt dich. Gib der Angst, du könntest deine geliebte Person verlieren, keine Chance, dich zu vereinnahmen, denn du kannst keinen Menschen verlieren, weil du niemals einen Menschen besitzen kannst.
Wenn du dir diesen Satz erst einmal bewusst gemacht hast, dann kannst du nicht mehr verlieren. Doch gehen

wir Schritt für Schritt vor und gehen der Eifersucht auf den Grund.

Wichtig ist für dich, erst einmal zu erkennen, was du überhaupt von dieser Partnerschaft willst. Schließe einfach die Augen, überlege einen Moment und beantworte dir hier die Frage einmal schriftlich.

Was erwarte ich von dieser Partnerschaft?

Bleibe beim Nachdenken und überlege einmal, was du erwartest, wie sich dein/e Partner/in in der Beziehung verhalten soll, damit du zufrieden bist, und schreibe es gleichfalls auf.

Wies soll sich mein/e Partner/in in der Partnerschaft verhalten?

Zu einer Partnerschaft gehören immer zwei. Also versetze dich in deine/en Partner/in und überlege, welche Erwartungen er/sie wohl an die Partnerschaft hat.

> **Welche Erwartungen hat mein Partner/meine Partnerin an unsere Partnerschaft?**

Und nun überlege, wie du dich in der Partnerschaft verhalten willst, damit dein/e Partner/in zufrieden gestellt ist.

> **Wie will ich mich in der Partnerschaft verhalten, damit mein/e Partner/in zufrieden gestellt ist?**

Nun lies dir alles noch einmal durch, was du aufgeschrieben hast. Jeder von euch hat Erwartungen und zeigt Verhaltensweisen. Und jede Erwartung und jede Verhaltensweise, wenn sie den Erwartungen entspricht, ist richtig, denn es sind ja deine Erwartungen und deine Bedürfnisse bzw. die deines jeweiligen Partners/deiner Partnerin.

In einigen Punkten werden sie sicherlich übereinstimmen, in anderen nicht. Wichtig ist nur, dass jeder um seine Erwartungen und Verhaltensweisen weiß.

Bestehen diese Erwartungen nur unbewusst, kann sich der Partner niemals mit seinen Verhaltensweisen auf die Erwartungen des Partners einstellen. Dann kommt der berühmte Satz: „Egal was ich mache, ich mache es immer falsch."

Jeder muss sich bewusst mit seinen Erwartungen in eine Partnerschaft einbringen, denn es sind seine Erwartungen. Lege ich diese Erwartungen beiseite und stelle mich nur auf die Erwartungen des Partners ein, werden sich irgendwann meine Erwartungen melden und fragen: „Und was ist mit mir?" Denkst du dann, dass du die falschen Erwartungen hast, dass die deines Partners sehr viel wichtiger sind, dann wirst du dich auf Dauer enttäuschen.

Ich sage es noch einmal: Du wirst dich enttäuschen und nicht dein Partner. Du hast nicht an dich und deine Erwartungen geglaubt, hast sie hintenan gestellt, nicht dein/e Partner/in.

Du merkst genau an dieser Stelle wieder, wie wichtig es ist, sich selbst anzunehmen und lieben zu lernen. Dann hast du es nicht mehr nötig zu klammern und nur Erwartungen des anderen zu erfüllen.

Erst dann, wenn du dich selber kennst und um deine Erwartungen weißt, dann freust du dich über alles, was dir freiwillig von deinem Partner gegeben wird!
Wenn Verhalten verletzt, kann es keine Liebe sein. Wenn wir jemanden wirklich lieben, wollen wir, dass es ihm oder ihr gut geht! Willst du deinem Partner wirklich vorschreiben, wie er sich zu verhalten hat? Willst du die Kontrolle über sein Leben haben? Das willst du aber haben, damit es dir und nicht ihm/ihr gut geht in der Partnerschaft.
„Ich tue doch auch alles, was er/sie will!", könntest du nun sagen. Du ahnst, was ich dir antworten werde? Dann lebst du nicht dein Leben, deine Bedürfnisse, deine Erwartungen, was langfristig auch zu deiner Unzufriedenheit führt. Früher oder später werden einer der Partner oder beide aus dieser Beziehung ausbrechen.
Zerbreche dir weniger den Kopf über deine Partnerschaft als um dich. Wie wichtig bist du dir selbst? Magst du dich so, wie du bist? Was würdest du alles an dir ändern wollen? Bist du zu dünn oder zu dick, zu groß oder zu klein? Möchtest du lieber blond oder dunkelhaarig sein, weil dein Partner von dieser Haarfarbe schwärmt?
Warum willst du dich ändern? So wie du bist, bist du richtig! Genau so bist du liebenswert! Du musst es nur selbst erkennen.
Höre auf damit, dich mit anderen zu vergleichen! Wenn du dich vergleichst, hast du schon verloren! Jeder Mensch sieht dich anders, nimmt dich anders wahr. Und was denkst du, mit welchen Menschen man lieber zu-

sammen ist, mit fröhlichen, ausgeglichenen oder trüben, ständig jammernden?

Du hast für dich die freie Wahl, wie du sein möchtest! Und ich kann mir nicht vorstellen, dass du wirklich ständig traurig, enttäuscht und voller Angst, dass du irgendwelchen Erwartungen nicht entsprichst, durchs Leben gehen willst!

Glaubst du, dein/e Partner/in ist mit dir glücklich, wenn du unzufrieden bist? Treibst du ihn/sie dann nicht erst recht in die Arme einer anderen Frau bzw. eines anderen Mannes?

Dein Ziel ist doch ein anderes. Du willst dem anderen ein guter Partner sein. Fange also an, dich selbst zu lieben wie du bist! Wenn du es nicht kannst, wie kannst du es dann von anderen erwarten?

Verwöhne dich selbst! Nimm ein Entspannungsbad, lasse dich massieren! Oder wie wäre es mit einem Candlelight-Dinner für dich allein?

Betrachte dich täglich im Spiegel und entdecke die Schönheiten an und in dir. Lache mit der Sonne um die Wette. Stecke deinen Partner mit deiner neu gewonnenen Lebensfreude an. Freue dich, wenn du ihn siehst, doch erzwinge nicht seine Anwesenheit.

Stelle rote Rosen an deinen Übungs-/Kraftplatz, damit sie die Liebe zu dir selbst unterstreichen. Höre Musik, die dich fröhlich stimmt und dich zum Tanzen auffordert. Erlaube dir zu tanzen und fröhlich zu sein, auch wenn du allein bist. Dadurch lösen sich deine Anspannungen.

Stelle dir doch einfach mal vor, dein/e Partner/in würde dir auch ständig mit solchen Anspannungen und mit Eifersucht entgegentreten. Würdest du es ertragen können? Wohl kaum. Alles, was du von dir gibst, auch Gefühle, kommt doppelt und dreifach zu dir zurück! Deshalb strahle Selbstbewusstsein und Lebensmut aus und keine eifersüchtige Besitztümelei. Schaffe dir selbst ein fröhliches, behagliches Zuhause, kleide dich farbenfroh und nutze jede Gelegenheit, um Freude in dein und damit euer Leben zu bringen. Nur so wird es dir gelingen, einen Partner zu gewinnen, der mit dir durchs Leben gehen möchte.

Mein/e Partner/in geht fremd

- mindestens eine Stunde Zeit für dich
- eine oder mehrere Kerzen
- eventuell Räucherstäbchen
- Musik, die dein Herz berührt
- ein Kissen und/oder eine Kuscheldecke
- deinen Spiegel
- eine Rose
- einen Stift mit der Farbe deiner Wahl
- ein Blatt Papier
- ein Gefäß zum Verbrennen
- einen Plastikbeutel
- eine Schale mit Wasser

Die Welt ist für dich zusammengebrochen. Du hast bemerkt, dass dein Partner fremdgegangen ist.
Setze dich an deinen ruhigen Platz. Wenn du magst, nimm deine Decke und/oder dein Kissen mit. Ganz wichtig ist wieder dein Spiegel. Lausche deiner Musik und versuche erst einmal, zur Ruhe zu kommen.
Versuche, deine Partnerschaft wie ein unbeteiligter Beobachter von außen zu betrachten. Versuche ohne Wut und Zorn, nach und nach wichtige Fragen aufzuarbeiten. Ganz wichtig ist dabei, dass du dir die Fragen an dich auch ehrlich beantwortest, also ohne in Selbstvorwürfen zu ersticken oder aber auch jede Verantwortung zu leugnen.
Das Hinschreiben erleichtert dir die Neutralität der Aussage. Also trage deine Antworten in das jeweilige Kästchen ein und überprüfe sie in einem zweiten Durchgang noch einmal.
Wie seid ihr beiden miteinander umgegangen? Versuche dich einmal daran zu erinnern, wann ihr das letzte Mal über etwas Wichtiges geredet habt und was es war.

Das letzte wichtige Gespräch, das wir miteinander geführt haben, fand vor .... statt.
Es ging dabei um folgendes Thema:

Ein Gespräch ist erst dann ein Gespräch, wenn einer auf die Argumente des anderen eingeht. In vielen Partnerschaften gibt es leider die Erscheinung, dass jeder seinen Monolog hält. Erinnere dich noch einmal an euer letztes Gespräch.

> Hattest du das Gefühl, dein Partner hat dir zugehört und dich ernst genommen? Woran hast du das Zuhören und das ‚ernst nehmen' bemerkt oder nicht bemerkt?

Natürlich solltest du dir diese Frage auch selbst beantworten.

> Hattest du das Gefühl, du hast deinem Partner zugehört und ihn ernst genommen? Woran hast du das Zuhören und das ‚ernst nehmen' bei dir bemerkt oder nicht bemerkt?

Es ist übrigens ratsam, sich diese Fragen zwischendurch in einer Beziehung zu stellen, nicht erst dann, wenn alles zu spät ist.

Nun lies dir die Antworten, die du aufgeschrieben hast, noch einmal durch. Merkst du, ob es noch eine Verbindung zwischen euch gab oder hat sich schon länger gezeigt, dass ihr nicht mehr miteinander geredet habt? Vielleicht kannst du jetzt den Zustand eurer Partnerschaft schon genau beantworten.

Ansonsten kommt jetzt noch eine Reihe von Fragen, die dir helfen, den Zustand eurer Partnerschaft genauer zu analysieren und auch deine eigenen Gefühle zu ordnen. Auch hier beantworte dir die Fragen wirklich ehrlich, denn es hilft dir nichts, wenn du dich selbst zu täuschen versuchst.

Bei welcher Gelegenheit hast du dich das letzte Mal wirklich gefreut darüber, dass dein/e Partner/in zugegen war?

Und bei welcher Gelegenheit hattest du das letzte Mal das Gefühl, dass dein/e Partner/in sich gefreut hat, dass du da warst?

Bei welcher Gelegenheit hast du deinem/r Partner/in das letzte Mal mit impulsivem Gefühl gesagt, dass du ihn/sie sehr lieb hast?

Und wann hast du das letzte Mal eine solche Liebeserklärung erhalten?

Bei welcher Gelegenheit hast du deinem Partner/deiner Partnerin das letzte Mal ein Kompliment über sein/ihr Aussehen gemacht?

Und bei welcher Gelegenheit hast du das letzte Mal ein solches Kompliment erhalten?

Schaue dir deine Antworten noch einmal genau an. Hat es vielleicht doch bereits eine Reihe von Hinweisen vorher gegeben, dass eure Partnerschaft in Schwierigkeiten steckte, die ihr nur nicht bemerkt habt?
Vielleicht dazu noch eine abschließende Frage.

> Wann hast du dir das letzte Mal den Vorsatz genommen: Heute muss ich meinem Partner mal wieder ganz neu zeigen, dass ich ihn ganz besonders lieb habe und er mir sehr viel bedeutet. Und wie hast du diesen Vorsatz umgesetzt?

Wenn du die Vergangenheit eurer Partnerschaft betrachtest, fällt dir sicherlich auf, dass es für dich vielleicht einfach eine Selbstverständlichkeit war, dass dein/e Partner/in da war. Kaum jemand denkt bewusst darüber nach, dass es jeden Tag ein neues Geschenk ist, dass ein anderer Mensch mit einem das Leben teilt. Daher sollten wir diesem Menschen jeden Tag unsere Freude darüber mitteilen, ihm unsere Liebe gestehen, ihm unser Glück darüber mitteilen.
Doch das wird nur dann funktionieren, wenn wir uns auch selbst lieben, wenn wir verstehen, dass auch unser

Leben für uns jeden Tag ein neues Geschenk ist, über das wir glücklich sein dürfen. Und wir haben zusätzlich das Glück, dieses Leben jeden Tag neu mit einem Partner/einer Partnerin erleben zu dürfen.

Doch wir leben im Regelfall ein Leben der Gewohnheiten, leben so, wie es ist. Entwickelt sich ein Partner weiter, bekommen wir dies häufig gar nicht mehr (oder zu spät) mit, weil wir unseren Alltag, unseren Partner und auch uns selbst schon längst nicht mehr bewusst wahrnehmen.

Irgendwann musst du dich in deiner jetzigen Situation der Frage stellen, ob du deinen Partner wirklich noch liebst. Suche dafür wieder deine Kraft- und Ruheecke auf und schreibe für dich auf, was dir an deinem Partner heute (nicht vorgestern oder gestern) besonders viel bedeutet. Schreibe wirklich alles auf. Mag es anderen Leuten auch sehr banal vorkommen, das darf für dich keine Rolle spielen. Es geht allein um dich und die Bedeutung, die der/die Partner/in für dich hat.

An meinem Partner/meiner Partnerin bedeutet mir besonders viel, dass er/sie ...

Du musst herausfinden, was dir wirklich an deinem Partner/deiner Partnerin liegt. Ansonsten unterliegst du vielleicht einfach nur der verletzten Eitelkeit, dass für deine/n Partner/in ein anderer Mensch wichtiger geworden ist. Wahre Liebe wünscht, dass der Partner glücklich ist. Und wenn er/sie mit einem anderen Menschen glücklicher ist, so muss man dieses Glück gönnen. Ansonsten musst du dich dem Vorwurf aussetzen, dass du nur einen Menschen um dich haben willst, um durch ihn das Gefühl der Anerkennung zu bekommen.

Betrachte dich jetzt wieder in deinem Spiegel und nimm dich als eigenständige Person an. Du bist auch etwas wert und hast viel zu geben. Unter Umständen wollte dich dein/e Partner/in darauf aufmerksam machen, dass du sie vernachlässigt hast.
Es ist aber auch möglich, dass diese Partnerschaft nun beendet ist. Doch du hast die Möglichkeit, daraus zu lernen. Deine nächste Partnerschaft wird auf der Basis deiner Erfahrungen umso schöner. Sei nicht hasserfüllt, sondern dankbar, dass du die Partnerschaft erleben durftest, denn sicherlich gab es auch schöne Zeiten miteinander.
Vielleicht hilft dir ein Gespräch mit einem/r Freund/in über die Erkenntnisse, die du gewonnen hast.
Vielleicht hilft dir auch folgendes Ritual: Bist du sehr wütend, nimm zuerst das Kissen. Lass deine ganze Wut, Angst und Verletztheit raus, indem du immer wieder in das Kissen schlägst. Weine, wenn du weinen musst. Tränen sind Wasser, und Wasser reinigt.

Wenn du ruhiger geworden bist, nimm ein Blatt Papier und einen Stift zur Hand. Schreibe den Namen deines/r Partners/in darauf, mit einigem Abstand darunter deinen eigenen Namen. Nun beginne in der Mitte zwischen euren Namen eine **8** zu zeichnen: Von der Mitte aus links hoch um den Namen deines Partners herum, rechts herunter wieder zur Mitte, links herunter um deinen Namen herum, rechts hoch wieder zur Mitte. Diese **8** wiederhole immer wieder und mit dem Gedanken, dass jeder Mensch sein eigenes Leben leben muss. Sobald du die **8** ganz schnell und flüssig zeichnen kannst, höre auf, da nun die energetische Bindung getrennt ist. Dies bedeutet nicht, dass man sich vom Partner trennt oder trennen muss. Man achtet jetzt den einzelnen Lebensweg. Nimm nun das Blatt, segne euch, wenn du magst, und verbrenne das Papier in dem Gefäß mit dem Gedanken der Hoffnung, dass alles gut werden wird.

Da du diese Situation in Liebe klären möchtest, stelle dir eine Rose an einen Ort, wo du sie täglich siehst. Sie soll dich daran erinnern, weiterhin liebevoll zu bleiben. Ersetze sie bei Bedarf durch eine frische Rose.

Jetzt nimm den Plastikbeutel in deine Hände und öffne ihn. Konzentriere dich auf deine Gedanken und Gefühle. Kehre gedanklich mit einem ‚Besen' alles Negative zusammen und fülle diesen ‚Müll' in den Plastikbeutel. Wenn du der Meinung bist, es ist alles aufgekehrt, schließe den Beutel, gehe zur Mülltonne, wirf deine negativen Gedanken und Gefühle fort und befreie dich davon.

Zum Abschluss nehme die Schale mit Wasser. Segne dieses Wasser und bitte um Reinigung. So aufgeladen, kannst du mit diesem Wasser alles reinigen, was du möchtest: Orte, Situationen, Gedanken, Gefühle. Du kannst es trinken oder einige Spritzer verteilen. Diese Übung kannst du so oft wiederholen, wie du möchtest. Deine Gefühle sagen dir, was gut für dich ist. Vertraue darauf.

Vielleicht reicht ja schon ein Ritual, um etwas zu bewirken, dich leichter zu fühlen. Rede so oft wie möglich über deine Empfindungen und Erkenntnisse. Es lehrt dich eine Menge über dich selbst.

Hält die Traurigkeit und Depression an, frage dich, warum du leiden willst, und suche dir professionelle Hilfe.

Abschied von Verstorbenen

- mindestens eine Stunde Zeit für dich
- eine oder mehrere Kerzen
- eventuell Räucherstäbchen
- Musik, die dein Herz berührt
- ein Kissen und/oder eine Kuscheldecke
- deinen Spiegel
- eine Tischdecke
- eine Kerze für die geliebte Person oder das Tier
- frische Blumen, die sie/er/es mochte
- eventuell einen Räucherduft
- ein Bild der geliebten Person oder des Tieres
- einige grüne Blätter

Hast du trotz der Erschütterung über den Tod die Kraft gehabt, das Grundrezept durchzuführen oder ist alles für dich sinnlos geworden?
Vielleicht bist du auch nur noch unendlich traurig und weinst. Weinen ist gut, denn Tränen sind Wasser – und Wasser reinigt. Du musst nur aufpassen, dass du nicht in ihnen untergehst und ertrinkst. Alles, was Übermaß ist, schadet.
Es schmerzt sehr, einen geliebten Menschen (oder auch ein geliebtes Tier), der dich als treuer Freund begleitet hat, zu verlieren. Begreifst du aber, dass der Tod zum Leben dazu gehört, wird vieles einfacher. Auch du wirst einmal gehen müssen.
Mache dir zuerst einmal bewusst, warum du so unendlich traurig bist. Sind es die Umstände, unter denen der geliebte Mensch gestorben ist?
Vielleicht war es ein Unfall mit schwerwiegenden Verletzungen. Wir stellen uns die Schmerzen solcher Verletzungen in den grausigsten Formen vor, weil wir von uns und unseren Empfindungen ausgehen, die wir bei wachem Bewusstsein fühlen. Verletzte haben jedoch häufig einen so massiven Schock, dass sie den Schmerz kaum empfinden, oder sie verlieren das Bewusstsein. Wir sollten also nicht den Fehler begehen, den Schmerz nachzuempfinden, der so nicht stattgefunden hat.
Schwierig ist es natürlich, den Tod zu verarbeiten, wenn man vorher im Streit auseinandergegangen ist. Nun besteht anscheinend keine Möglichkeit mehr, sich zu entschuldigen und seine Liebe zu zeigen. Doch wir täuschen uns auch hier. Nur der Körper ist gestorben, die

Seele des Menschen weilt weiter unter uns. Sie nimmt wahr, was wir noch sagen wollen. Das darf ich behaupten, weil ich es erleben durfte.

Versuche, dieses Leben als eine Entwicklungsstufe zu sehen. Unser Dasein ist ein ständiges Lernen und Weiterentwickeln. Viele Völker feiern den Tod mit einem freudigen Fest, weil der gestorbene Mensch nun die Chance erhält, in seiner Entwicklungsstufe fortzuschreiten. Den Verstorbenen geht es nach dem Sterben gut. Sie sind ohne Schmerzen, frei und leicht. Denken wir so, müssen auch wir uns für die verstorbene Person oder das Tier freuen.

Stirbt ein sehr junger Mensch, verstehen wir den Sinn des Sterbens häufig noch viel weniger. Er hatte doch noch sein ganzes Leben vor sich. Doch wissen wir, ob es etwas Gutes gewesen wäre, was die Zukunft für diesen jungen Menschen gebracht hätte? Vielleicht ist der Tod ja auch eine Verhinderung von Schlimmerem gewesen.

Uns sollte dieser auf den ersten Blick unsinnige Tod eines jungen Menschen ermahnen, wieder dankbarer zu sein für die vielen Geschenke, die uns das Leben jeden Tag macht. Wie oft gehen wir achtlos und sogar demütigend mit Menschen, Tieren oder Pflanzen um? Wir verbringen die meiste Zeit mit dem Streben nach materiellen Werten, wollen uns allen erdenkbaren Wohlstand leisten, wollen konsumieren, obwohl wir am Ende unseres Lebens von all unserem Hab und Gut nichts mitnehmen können.

Ein früher Tod sollte uns ermahnen, jeden Tag bewusst und liebevoll zu leben, voller Freude. Morgen kann schon alles vorbei sein, gleich, ob wir alt oder jung sind. Vielleicht müssen manche Menschen diese Opferrolle spielen, damit wir über den Sinn und die Bedeutung unseres Lebens etwas lernen können.

Oft genug trauern wir eigentlich nicht um den Gestorbenen, trauern vielmehr um uns selbst. Wir vermissen die Person oder auch ein verstorbenes Tier. Ständig umgab uns der Verstorbene und hinterlässt nun eine Lücke in unserem Leben, die wir schließen müssen.

Wenn du weinen musst um einen Verstorbenen, weine! Merke aber auch, wie die Tränen die Traurigkeit wegspülen. Die geliebte Person wollte mit ihrem Tod bestimmt nicht bewirken, dass du dich in deiner Traurigkeit verlierst. Oder würdest du bei deinem Tod wollen, dass deine Hinterbliebenen nur noch in Trauer leben? Wenn euch eine große Liebe verbunden hat, sei dankbar, dass du diese Liebe erleben durftest und trauere nicht. Sei nicht traurig, dass du sie verloren hast! Viele Menschen erleben eine solche Liebe erst gar nicht! Erinnere dich lieber oft und gerne an die Momente, die ihr zusammen erleben durftet, an die Freude und Liebe, die euch verbunden hat.

Aber blicke auch in die Zukunft! Dein Leben liegt noch vor dir! Also verabschiede dich von der Vergangenheit. Verabschiede dich von der geliebten Person oder dem geliebten Tier mit einem persönlichen Ritual.

Nimm eine hübsche quadratische Tischdecke. Bedecke damit ein kleines Tischchen oder breite sie einfach auf der Erde aus. Stelle frische Blumen, eine Kerze und das Bild der verstorbenen, geliebten Person darauf. Vielleicht möchtest du als verschönernde Dekoration auch noch einige grüne Blätter verstreuen? Zünde die Kerze an und eventuell ein Räucherstäbchen und versuche, dich gedanklich mit der Person oder dem Tier zu verbinden. Schaffst du es nicht allein, bitte eine/n Freund/in um Unterstützung und veranstaltet dieses Ritual gemeinsam. Bedanke dich bei dem Verstorbenen für die schöne Zeit, die ihr miteinander verbringen durftet. Bedanke dich auch für die Liebe, die ihr miteinander gelebt habt.

Mache dir bewusst, die geliebte Person hätte nie gewollt, dass du auf Dauer traurig bist. Vielmehr war es doch euer Lachen, eure Fröhlichkeit und eure Liebe, die euer Leben so strahlend schön gemacht haben.

Stell dir die Frage, wie dich die verstorbene Person sehen möchte. Die Antwort weißt du sicherlich selbst schon. Bedenke auch, wie sich zum Beispiel dunkle oder schwarze Kleidung auf dich auf Dauer auswirken! Sie macht dich noch depressiver, raubt deiner Umgebung zudem jeden Mut, dich wieder für das Leben zu begeistern.

Mein Opa bat uns vor seinem Tod, weiterhin farbenfrohe Kleidung zu tragen wie eh und je! Er wusste, das Leben sollte für uns trotzdem weitergehen. „Trauert mit dem Herzen, nicht mit der Kleidung!", sagte er.

Auch dein Leben geht weiter! Du hast den Menschen viel zu geben! Achte auch dein Leben und gehe deinen Weg. Setze die positiven Tugenden fort, die dich mit dem Verstorbenen verbinden.

Überstürze allerdings nichts und lasse dir Zeit. Sei geduldig mit dir und dankbar für dein Leben.

Warum soll ich dankbar sein?

- mindestens eine Stunde Zeit für dich
- eine oder mehrere Kerzen
- eventuell Räucherstäbchen
- Musik, die dein Herz berührt
- ein Kissen und/oder eine Kuscheldecke
- deinen Spiegel
- Blumen
- Lachen
- Musik für die Lebensfreude
- Zeit
- Spaziergang in der Natur

Sicherlich denkst du nun: „Was ist das für eine Frage?" „Natürlich bin ich dankbar! Das war ich schon immer!" So oder ähnlich könnte deine spontane Antwort lauten!
Als du die Übungen mit dem Grundrezept durchführtest, wie waren da deine Gedanken? Hast du es überhaupt geschafft, mindestens zwei Tage jeweils eine Stunde mit dir selbst zu verbringen? Worüber hast du am meisten nachgedacht? Hast du das Grundrezept zur Vorbereitung gemacht, um mehr über Dankbarkeit zu erfahren? Oder hattest du ursprünglich ein anderes Thema, das du zuerst bearbeitet hast? Hast du das Grundrezept dann noch ein zweites Mal gemacht oder reichte das eine Mal? War dir eine zweite Übung zu viel und dachtest du, es reicht die eine Grundrezeptübung?

Wo fängt die Dankbarkeit an? Bist du dankbar, dass dir dieses Buch in die Hände fiel? Hat dir dein persönliches Rezept weitergeholfen? Oder hat dich bereits das Grundrezept ein Stück auf deinem Weg weiterkommen lassen? Bist du dafür dankbar?

Hast du schon einmal darüber nachgedacht, dass du dankbar sein könntest? Oder ist alles, was du weißt und was zu dir kommt, für dich selbstverständlich? Wie sieht es mit deinem Beruf, deiner Partnerschaft oder deiner Familie und deinen Freunden aus? Bist du dankbar für sie alle und für alle Geschenke, die du durch sie erhältst?

Ist es selbstverständlich, dass du in deinem Job gutes Geld verdienst? Ist es selbstverständlich, dass dein Partner dich liebt und achtet? Ist es selbstverständlich, dass deine Freunde für dich da sind, so wie du für sie da

bist? Findest du es selbstverständlich, dass du weitestgehend gesund bist? Oder dass du nach einer Erkrankung oder nach einem Unfall relativ schnell wieder geheilt bist? Ist es auch selbstverständlich, dass du ein Dach über dem Kopf hast, ein Zuhause hast, dir dein Essen kaufen kannst? Auch das neue Auto oder der Urlaub stehen wie selbstverständlich nicht in Frage.
Kleinigkeiten im täglichen Leben wie miteinander lachen, interessante Gespräche führen, Liebe spüren oder auch die Natur, das Wetter oder den Tag genießen sind für uns Menschen selbstverständlich geworden, Kleinigkeiten über die wir, und du wahrscheinlich auch, selten einmal nachdenken. Warum solltest du für all das Normale, das dir doch nur zusteht, dankbar sein?
Die Antwort ist ganz einfach: Nichts ist selbstverständlich und alles kann morgen schon anders sein! Du kannst den Job verlieren, weil die Firma Insolvenz anmeldet. Dein/e Partner/in kann einen neuen Menschen kennen lernen und will die Trennung von dir. Du oder ein Mitglied deiner Familie kann plötzlich schwer erkranken oder durch einen Unfall invalide werden oder sogar sterben. Dein Haus kann abbrennen und die Versicherung zahlt vielleicht nur eine geringe Versicherungssumme. Du fährst durch eine Unachtsamkeit dein Auto zu Schrott und hast kein Geld, um dir ein neues zu kaufen.
Lerne, dass nichts, aber auch gar nichts selbstverständlich ist! Genieße jeden Tag so, wie er kommt. Sei dankbar, dass du alles hast, was du zum Leben brauchst. Selbst wenn du arbeitslos bist, bekommst du Arbeitslosengeld oder eine andere staatliche Hilfe. Sei dankbar,

dass du jeden Tag Essen auf dem Tisch hast, auch wenn es nur Spaghetti mit Tomatensoße oder Bratkartoffeln mit Spiegelei ist. Du könntest, wie viele Menschen auf dieser Welt, auch nichts zu essen haben.

Sei dankbar für deinen Körper, den du vielleicht oft mit Diäten unter Stress setzt, weil du einen Idealkörper haben willst – was auch immer ein Idealkörper ist. Menschen mit amputierten Gliedmaßen würden bestimmt gerne deinen Körper besitzen.

Sei dankbar für jede Liebe, die dir entgegengebracht wird, ob von deinem Partner, deinen Eltern, Kindern oder Freunden. Es könnte auch ständiger Streit zwischen euch herrschen. Wann hast du deinem/er Partner/in zum letzten Mal gesagt, dass du ihn/sie gern hast oder liebst?

Selbst für deine Sorgen und Probleme darfst du dankbar sein. Sie machen dich letztendlich stärker und lassen dich lernen.

Genieße also jeden Tag ganz bewusst, weil morgen alles anders sein kann als heute. Jeder Tag schenkt dir neue Impulse. Feiere jeden Tag als einen besonderen Tag. Stelle Blumen auf, höre Musik, die deine Lebensfreude weckt, grüße alle Menschen, denen du begegnest, mit einem Lächeln.

Schöpfe Kraft aus jedem neuen Tag. Nimm dir die Zeit für einen Spaziergang in der Natur. Wer weiß, ob du das morgen noch kannst. Auch die Natur kräftigt uns und nimmt uns viel Ballast ab. Du wirst dich anschließend freier fühlen. Sei dankbar für alles, was du hast und bist, und für alles, das noch auf dich zukommt.

Auf diese Weise nimmst du mehr wahr, lebst bewusster und wirst ruhiger und gelassener. Das Leben ist wieder lebenswert. Das Leben wird etwas ganz Besonderes, Schönes für dich.
Deshalb solltest du dankbar sein!
Wiederhole diese Übung so lange, bis Dankbarkeit für dich selbstverständlich geworden ist!

Positives Denken – Wie geht das?

- mindestens eine Stunde Zeit für dich
- eine oder mehrere Kerzen
- eventuell Räucherstäbchen
- Musik, die dein Herz berührt
- ein Kissen und/oder eine Kuscheldecke
- deinen Spiegel
- ca. 20-30 Papiertaschentücher
- Filzstifte, verschiedene Farben
- Seifenblasen

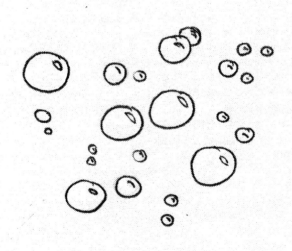

Jetzt hast du schon mindestens zwei Tage mit dir selbst verbracht. Hast du dich genau beobachtet? Was hast du gefühlt?

Hattest du Druck in der Magengegend oder in Höhe des Herzens? Vielleicht hattest du auch einen Kloß im Hals? Und schon war wieder alles mies?

Ist ja doch alles sinnlos! Was kann ich mit diesen Übungen schon ändern?! Bringt doch alles nichts!

Waren so deine Gedanken? Konntest du dich überhaupt auf dich konzentrieren? Oder schweiften deine Gedanken in alle Richtungen ab? Kamen dir wieder all deine Probleme in den Sinn? Konntest du dich wieder einmal in deine Problemsituation einfinden und sie mit allen Tiefen durchlaufen? Hast du wieder überlegt, wie alles erneut schiefgehen wird?

Höre damit auf! Verbiete deinen Gedanken, in diese negative Richtung zu gehen! Es sei denn, du fühlst dich wohl, wenn du in deinem Selbstmitleid badest. Dann wundere dich aber nicht, wenn dir das Negative weiterhin zufließt.

Du ziehst alles, gleichgültig ob Positives oder Negatives, mit der Kraft deiner Gedanken an. Willst du wirklich unbedingt das Negative anziehen?

Entscheide dich täglich für das positive Denken! Diese Entscheidung ist – genau wie das negative Denken – dein Geburtsrecht. Du darfst und musst dich täglich aufs Neue entscheiden, wie du denken willst.

Entscheide dich dafür, von Herzen fröhlich zu sein, aus deinem tiefsten Inneren heraus wieder zu lachen. Verkleinere die Last deiner Sorgen, indem du den Sorgen

die Energien entziehst. Verbanne die Sorgen aus deinen Gedanken und lenke deine Energie auf etwas Schönes. Das kann der sonnige Tag sein, dein Partner, der dich liebt, oder deine Kinder, der Kuchen, der dir heute besonders gut gelungen ist, oder das Essen. Es muss keinesfalls etwas Spektakuläres sein.
Nimm dir täglich eine oder doch mindestens eine halbe Stunde Zeit für dich. Nimm die Filzstifte und male 20 bis 30 Papiertaschentücher mit den unterschiedlichsten Farben und Mustern an und drücke die Papiertaschentücher zu einem Knäuel zusammen.
An deinem ungestörten Ort, an dem du deine Übungen machst, legst du, nimm den Knäuel dazu vorsichtig wieder auseinander, die einzelnen Tücher zu einem Kreis aus. Stelle dir diesen Kreis als deinen ganz persönlichen farbenfrohen Schutzkreis vor. Hier darfst du alles zulassen! Wie eine große unsichtbare Hülle, durch die nichts an dich herankommen kann, umgibt dich dieser Schutzkreis.
Lenke in so einem geschützten Raum, wo dir nichts, aber auch gar nichts passieren kann, deine Gedanken auf positive Dinge. In diesem Schutzkreis bist du in deiner eigenen Welt! Nichts und niemand aus der Außenwelt hat hier Zutritt! So geschützt, richte deine Gedanken auf deine Wünsche und Sehnsüchte.
Wie stellst du dir dein Leben vor? Wie müsste es sein, damit du glücklich bist? Male dir dein Leben in den schillerndsten Farben aus! Wie wäre es mit einer Weltreise? Oder möchtest du ein Haus bauen? Wie soll dieses Haus aussehen? Hat es einen Garten? Ist der Garten

voller Blumen, die blühen? Spielen deine Kinder, falls du welche hast, in diesem Garten? Hast du einen Swimmingpool mit eingeplant? Oder siehst du dich bei einem Einkaufsbummel? Du gehst in jedes Geschäft und probierst Kleidung aus und suchst dir andere hübsche Dinge aus, ohne nach dem Geld sehen zu müssen! Die Gedanken sind frei! Es ist gedanklich alles möglich!

Vielleicht siehst du dich auch, wie du sechs Richtige im Lotto gewinnst und dir alle deine Träume erfüllen kannst?

Doch denke nicht nur an das Materielle! Das ist vergänglich. Sei dankbar für deine Gesundheit, auch wenn sie schon eingeschränkt ist. Es könnte bestimmt auch noch schlimmer sein. Mache dir andere Menschen bewusst, denen es noch viel, viel schlechter geht als dir, und die doch nicht klagen.

Stelle dir vor, wie dich liebevolle Menschen umgeben und dir Kraft geben! Wie Freude und Harmonie in deinem Leben Einzug halten! Schaue, was du dazu beitragen kannst.

Freue dich über die vielen Möglichkeiten, die du hast, deinen Tag positiv zu gestalten!

So stärkt dich deine eigene Zeit von Tag zu Tag mehr. Die Last auf deinen Schultern wird immer leichter. Die positiven Gedanken, die du während dieser Zeit entwickelst, ziehen automatisch immer mehr Positives an, wenn es auch erst einmal ‚nur' positive Träume sind. Richte dich täglich an diesem Positiven aus. Gib dem Negativen keine Chance mehr, an deinem Leben teilzuhaben.

Besorge dir Seifenblasen. Gehe hinaus in die Natur und habe Freude daran, wie ein Kind Seifenblasen zu pusten. Stelle dir vor, wie mit jeder Seifenblase, die platzt, ein negativer Gedanke zerplatzt! Je mehr Seifenblasen platzen, desto freier wirst du.

Habe aber auch Geduld mit dir selbst, setze dich nicht unter Druck! Mit jedem Tag, den du mit positiven Gedanken füllst, kommst du dem Tag näher, an dem du dich ganz frei, gelöst, geborgen und geliebt fühlst!

Ein kleines Nachwort

Nimm diese Rezepte oder das Rezept für deine spezielle Problemstellung als Denkanregung, wie du etwas in deinem Leben ändern kannst. Was auch auf dich zukommt, du hast dich, vielleicht auch unbewusst, dafür entschieden. Oft brauchen wir Menschen Krisensituationen, damit wir unsere falschen Verhaltensmuster erkennen, die wiederholt Problemsituationen heraufbeschwören. Würden wir uns richtig verhalten, käme eine Krise erst gar nicht zustande.
So sind wir aber aufgefordert, genau hinzusehen. Was machen wir falsch? Was können wir ändern? Dabei sollen dir die Fragen helfen und die Zeit, die du dir für dich nehmen solltest.
Denke daran, es liegt an dir, ob sich etwas ändert. Andere Menschen kannst du nicht verändern! Sei ehrlich dir selbst gegenüber und habe Geduld mit dir. Was sich in Jahren oder sogar Jahrzehnten angesammelt hat, kann man nicht in ein paar Tagen oder Wochen auflösen. Freue dich jedoch über jeden noch so kleinen Fortschritt! Sei dankbar für alles, was du schon gelernt hast!
Ich wünsche dir auf deinem Erkundungsweg zu deinem wahren Selbst viel Freude, Liebe und Erkenntnisse, damit du die Lebensfreude endlich leben kannst!

Die Autorin

Renate Holzförster ist im Laufe ihres Lebens durch viele Höhen und Tiefen gegangen. Zwei Ehen, zwei Scheidungen, zwei Kinder allein erzogen und trotzdem 10 bis 18 Stunden täglich gearbeitet, ständige Geldsorgen und alle damit verbundenen Auseinandersetzungen hat sie selbst durchlebt und vieles mehr. Vieles konnte sie in den letzten Jahren erkennen und aufarbeiten.
Dank dieser Erfahrungen, ihrem natürlichen psychologischen Gespür und ihrer Arbeit als Reiki-Lehrerin ist es ihr möglich, den Menschen einen Weg aus ihren Problemen zu zeigen – wenn sie dazu bereit sind. So entstand auch die Idee für dieses Buch.
Ihre Vielfältigkeit äußert sich auch in ihrem beruflichen Lebensweg. Der Anfang war eine Ausbildung als Krankenschwester, danach Tätigkeiten in der Altenpflege. Nach der Geburt ihrer zweiten Tochter arbeitete sie im elterlichen Polstereibetrieb in allen Bereichen. Nach circa neun Jahren machte sie dann den Lkw-Führerschein und fuhr mit verschiedenen 40-Tonnen-Lkws durchs Land. Auch hier machte sie überall Erfahrungen im Nah- wie im Fernverkehr, auf dem Sattel- oder Hängerzug, Tankwagen oder Getreidelaster. Es war nie langweilig, immer etwas Neues gab es zu lernen. Nach einer Knieverletzung und zwei Operationen gab sie das Lkw-Fahren auf und lernte neben ihrem Job als Möbelverkäuferin im Geschäft ihres Bruders den Weg mit Reiki. Nach ihrer Einstimmung in den Lehrergrad gründete sie im

Oktober 2000 ihr Reiki-Centrum. Während dieser Zeit lernte sie sehr viel über die kosmischen Gesetze und die Auswirkungen unserer Verhaltensweisen. Durch Verstehen und das Hineinfühlen ist es oft möglich vorherzusagen, wie manche Situationen sich entwickeln werden. Dadurch lassen sich natürlich viele Krisen abwenden. Diese Erkenntnisse möchte sie in Büchern weitergeben, damit wir durch Verstehen wieder eine friedvollere Welt bekommen.

Wir danken folgenden Sponsoren, die die Herausgabe dieses Buches unterstützt haben:

AWD Thomas Eußner
Pferdestraße 33
49084 Osnabrück
Telefon 0541-5064-400

Hotel – Restaurant Borchard
Manfred Borchard
Langekamp 26
32312 Lübbecke
Telefon 05741-319830
Internet www.hotel-borchard.de

Flexi – K.
Handel – Transport – Vermittlung
Uwe Ulferts
Mühlendamm 1
49434 Neuenkirchen – Vörden
Telefon 05495-9097
Mobil 0171-8277650

Gemeinde Stemwede
Buchhofstraße 13
32351 Stemwede-Levern
Telefon 05474-206-0
Internet: www.stemwede.de

Salon Haarmonie
Molkereistraße 21
32351 Stemwede – Oppenwehe
Telefon 05773-1491

Melanie und Mike Heselmeier
32351 Stemwede – Oppenwehe
Angelika Knüpling
49448 Lemförde

Christian Kohlmann
Schlatwieske 7
48282 Emsdetten
Internet www.christian-kohlmann.de

Ingeborg Lilie
32351 Stemwede – Arrenkamp

LVM Versicherung
Thomas Otte
Hauptstraße 42
49448 Lemförde
Telefon 05443-1000

Stefanie Richter und Florian Boes
49124 Georgsmarienhütte

Doris Schwier
32351 Stemwede – Wehdem

Ursula und Werner Springwald
49393 Lohne

Sejdi Voca
32351 Stemwede – Westrup

Rudi Zirr
Wohnwagenvorzelte, Wohnwagenschutzdächer, Zeltkeder
Westruper Straße 15
32351 Stemwede – Westrup
Telefon 05773-912882